真道手冊

增訂本

王永信

大使命中心
Great Commission Center International

真道手冊

增訂本

作者：王永信

出版：大使命中心

美國總會：

848 Stewart Drive, Suite 200

Sunnyvale, CA 94085, U. S. A.

Tel: (408) 636-0030, Fax: (408) 636-0033

E-mail: info@gcciusa.org

Website: http://www.gcciusa.org

香港分會：

Room 1101, General Commercial Builing,

156-164 Des Voeux, Central, Hong Kong.

Tel:(852)2540-0131, Fax:(852)2540-9770

二〇〇五年九月增訂二版二刷

ISBN: 0-9676712-2-1

新、馬代理：

新加坡逐家文字佈道會

Singapore Every Home Crusade Co. Ltd.

No.8, Lorong 27-A Geylang,

#02-04, Guilin Building,

Singapore 388106

Tel: (65)744-7355   Fax: (65)744-7266

E-mail: ehcspore@singnet.com.sg

目錄

增訂版序

　　回想起來，最初開始寫《真道手冊》已經是四十年前的事了。那時，我白天忙於事工，夜裡寫真道手冊，有時寫到天亮。到今天，此書已發行了廿八版，約共廿萬冊，實在感謝主。

　　這是一本非常簡單的小書，目的是使一般信徒能夠清楚明白我們所信的是甚麼，今世流行的異端又是甚麼？信徒有時對於異端分不清楚，有時知道它錯，但不知怎樣錯法。這本小書提供一些核心線索，使信徒們能夠很容易的了解各種異端是怎樣一回事，並且根據聖經指出異端的錯法，錯在哪裡。

　　近年來，中國大陸異端叢生，蔓延全國，而一般信徒缺乏足夠的聖經教導及神學訓練，以致極多信徒(甚至傳道人)被異端擄去，走入錯誤信仰，實在痛心。

　　因此，我們得到中信總會同意，發行新版的《真道手冊》，除內容有所修潤外，並增加目前在中國大陸所流行的幾種主要的異端及極端。此書將廣泛供應海內外教會及基督徒使用，採用自由奉獻方式，函索即寄。

　　願　神繼續恩待使用此小冊，幫助各地同道們在真道上有根有基，能夠分辨真偽，並幫助其他信徒不受迷惑。

王永信
二〇〇〇年一月
大使命中心

序言

「你要為真道打那美好的仗……你要保守所托付你的，躲避世俗的虛談，和那敵真道、似是而非的學問，已經有人自稱有這學問，就偏離了真道！」(提前六12、20、21)

「日光之下並無新事」。今天世上的一切異端，乃是古老異端的再次出現。

古老的異端、邪說曾引誘千萬人走向滅亡的路；今日的異端也在照樣而行，其名目之繁多，與工作之廣泛，使人吃驚。

本書的範圍，只包括在基督教名義之下，一切不合聖經真理的教會團體及其所代表的教義、信條和學說，不包括基督教以外的其他宗教。這些使用基督教名義，並且含糊牽強地引用聖經，極具破壞性。「半真理」比「非真理」更能迷惑人。

大體來說，世界上宗教可分兩大類：第一類是所謂自救性(Auto Soterism)；這一類包括一切異教與基督教內之異端邪說。他們的教條雖多，但其基本信念是「救恩來自人」——人類自己可以救自己。第二類是代贖性(Substitutionary Atonement)；這是基督教純正信仰。這信仰的基本信念是「救恩來自神」——人類必須靠真神的拯救。前一類相信人藉著自己的努力、修行、受苦、誦經、吃素、守特殊節日而得救；後一類相信救恩是出乎神的恩典，任何人皆可因信接受神的救恩而得救。前一類認為

人類自己可以一步一步登上天去；後一類承認自己是罪人，虧缺了神的榮耀，不能來到天父面前，但慈愛的神竟差遣祂的兒子耶穌基督道成肉身、從天降世，為我們被釘死在十字架，成就了救贖之路，使我們可以因信藉著祂代死之功，罪得赦免，白白得到永生，成為神的兒女，天國子民。前一類高舉人，相信人；後一類高舉神，相信神。

一般來說，異端之所以迎合人的喜好，有兩方面因素：第一，可以滿足人驕傲的心，認為得救是憑一己之功；第二，信奉異端是一條抄近的路，人不需徹底認罪，不需徹底悔改，不需徹底聖潔，不需徹底奉獻。有些異端(如基督科學會)根本否認罪的存在，有些(如摩門教)則認為罪可藉摩門教的洗禮、或成為摩門教友而得除去。

但是神的真道，基督教的純正信仰乃一條窄路，是一條不迎合「天然人」(未重生得救之人)胃口的路。天然人不喜愛謙卑，但得救的路，必須人在神面前俯伏謙卑。天然人決不願意說自己是罪人，但得救之路，必須人在神面前心裡徹底認罪求赦。天然人滿心喜愛世界和屬世的一切，神的真道卻要求我們捨棄世界，愛慕天和屬天的一切。天然人樂意走安逸、舒適的寬路，神的道卻要我們走捨世、捨己、倒空、破碎、十字架的窄路。

所謂「條條大道通羅馬」，對基督教信仰來說是不合適的。我們可以說條條大道通世界、通地獄、通滅亡，但通往永生的就只有一條路，且是一條窄路，就是十字架的路。這條路的開端是一個門，這門是永生之路的唯一入口，而且是窄門，凡從這門進去的人有福了，這門就是耶穌。

自古以來，人類像在黑暗中摸索，要尋求人生的究竟。東方思想家尋求一條可遵循的道，不可或離的道；西方哲學家尋求真理，萬古不變的真理；猶太人尋求生命，永不朽壞

的生命。

　　但這道路若不從「窄門」進去，是找不到的；這萬古不變的真理若不親近「真理的泉源」，就永遠無從獲悉；這生命若不認識「賜生命者」，也永遠得不到。

　　從古至今，人類心靈饑渴、苦鬱的呼喊從未停止，人們為道路、真理、生命所寫的書不知有多少，好像在說：「看哪，這是道路，這是真理，這是生命！」像一群失明的人在漫漫的黑夜裡尋求摸索，緣木求魚！

　　但神的「真光」終於來到。這光就是神的兒子耶穌基督；祂成了肉身，降世為人，來到世間。祂高聲宣告說：「凡勞苦擔重擔的人，可以到我這裡來，我就使你們得安息」(太十一28)；「人若渴了，可以到我這裡來喝」(約七37)；「人若喝我所賜的水就永遠不渴」(約四14)；「我是生命的糧」(約六35-48)；「我就是門」(約十9)；「我就是復活，我就是生命」(直譯)(約十一25)；「我來是要叫羊得生命，並且得的更豐盛」(約十10)。**耶穌基督乃是向普世宣告說：你們不必再尋找其他的路，不必再自己追求摸索，你們當到我這裡來，你們的饑餓、你們的渴慕、你們所尋求的一切就是我。我就是那窄門，我就是真理的泉源，我就是賜生命者，你們有了我，就有了道路，有了真理，有了生命！(約十四6)**

　　人類所尋求的，所需要的正是神！然而真神在眼前，人竟不認識祂，不接受祂！這是何等痛心的事！

　　奧古斯丁對神說：「我心將永無安息，直到我心安息於你」。唯一能滿足人心裡深處的，不是金錢、物質、地位、學問，而是神自己，因為人原是如此被造的。

　　但魔鬼製造諸般假神，來誘惑迷亂人的眼目，利用人的「尋求心」，而將神以外的教訓和信仰，乘機傾入人的頭腦。你若愛錢財，牠會利用貪財的心使你走錢財的路，使你以錢為神，追求財神。你若愛虛榮，牠會將萬國的榮華顯給你，使你深陷其

中，不能自拔。你若愛學術，牠會利用你所崇拜的知識，用動聽的學說，慢慢使你相信，所謂神不過是「最高智慧」或「萬物之因」等抽象名詞，而耶穌基督不過是「完人模範」與「愛的象徵」而已！甚至，你若愛宗教，愛思想生命的問題，牠更會將各樣異端邪說，雜然前陳，放在你面前，並會差牠的使者們(如耶和華見證人及摩門教的人)登門拜訪，向你傳似是而非的道理，甚至也牽強附會的引用聖經，來誘惑你接受魔鬼的信仰，踏上滅亡之路。

　　這本《真道手冊》的目的，就是將我們所信的真道，以及今世流行的多種異端，用簡單明瞭的方式寫出來，使未信的人趕快接受真道，不要被引誘走錯了路；也使已信的人明白今世異端情形的嚴重，要儆醒不懈，一方面自己不受迷惑、不被擄去，一方面要挺身昂首為真道作戰，幫助軟弱的弟兄，拯救別人，為神的國盡忠。

　　我們要在父神的保守、主耶穌基督的恩惠、聖靈的感動與大能之下，用各樣方法，將基督教中各種異端邪說，以及神末世的警告與真道，向普世人類宣告！

第一章
我們所信的真道
(The Truth that We Believe)

我們相信聖父、聖子、聖靈，三位一體的真神。

太二十八19，主耶穌自己說：奉父、子、聖靈的名。

太三16-17，聖父發聲，聖子受洗，聖靈降下，同時發生。

創一26，神說：「我們要照著我們的樣式造人」。「我們」二字表示複數。

聖父——三位一體中的第一位；至高無上的真神。

耶和華是我的名，直到永遠。(出三15)

惟有耶和華袍他是神，除袍以外，再無別神。(申四35)

神是個靈。(約四24)

神愛世人。(約三16)

聖子——三位一體中的第二位；耶穌基督，是完全的神，也是完全的人。

太初有道，道與神同在，道就是神。(約一1)

道成了肉身，住在我們中間，充充滿滿的有恩典有真理。我們也見過袍的榮光，正是父獨生子的榮光。(約一14)

大哉，敬虔的奧秘！無人不以為然：就是神在肉身顯現。(提前三16)

只有一位中保，乃是降世為人的基督耶穌。(提前二5)

耶穌基督，昨日、今日、一直到永遠，是一樣的。(來十三8)

聖靈——三位一體中的第三位；保惠師，真理的聖靈。

我要求父，父就另外賜給你們一位保惠師，叫祂永遠與你們同在，就是真理的聖靈。(約十四16、17)

只等真理的聖靈來了，祂要引導你們明白一切的真理。(約十六13)

祂既來了，就要叫世人為罪、為義、為審判，自己責備自己。(約十六8)

聖靈住在一切信祂之人的裡面。(羅八11)

我們相信全部新舊約聖經，六十六卷書都是神所默示的，是生命之道，是救恩的路，是我們生活與事奉的最高準則。

聖經都是神所默示的，於教訓、督責、使人歸正、教導人學義，都是有益的。(提後三16)

他們遭遇這些事，都要作為鑑戒，並且寫在經上，正是警戒我們這末世的人。(林前十11)

我是首先的，我是末後的……你要把所看見的，和現在的事，並將來必成的事，都寫出來。(啟一17-19)

看哪，我必快來！凡遵守這書上預言的有福了！(啟廿二7)

我們完全相信神的創造，正如創世記一、二章所記載的。

起初，神創造天地。(創一1)

神說：要有光，就有了光……這是頭一日。(創一3-5)

神說：諸水之間要有空氣……事就這樣成了……是第二日。(創一6-8)

神說：天下的水要聚在一起，使旱地露出來……地要發生青草……事就這樣成了……是第三日。(創一9-13)

神說：天上要有光體……神造了兩個大光，大的管晝，小的管夜，又造眾星……是第四日。(創一14-19)

神說：水要多多滋生有生命的物，要有雀鳥飛在地面以上……神就造出大魚……是第五日。(創一20-23)

神說：地要生出活物來，各從其類，牲畜、昆蟲、野獸，各從其類……神說：我們要照著我們的形像，按著我們的樣式造人……耶和華神用地上的塵土造人，將生氣吹在他鼻孔裡，他就成了有靈的活人……耶和華神使他沉睡，他就睡了，於是取下他的一條肋骨……造成了一個女人，領她到那人跟前。(創一24-26，二7、21、22)

我們相信人的犯罪與墮落。

始祖亞當與夏娃，受魔鬼的引誘，違背神的命令，犯罪墮落，被逐離開神的面，使我們都成了罪人的後裔。從那時起，人類唯一的盼望，就是「女人的後裔」(創三15)，「基督耶穌降世，為要拯救罪人。」(提前一15)

罪是從一人入了世界，死又是從罪來的；於是死就臨到眾人，因為眾人都犯了罪。(羅五12)

世人都犯了罪，虧缺了神的榮耀。(羅三23)

我們相信耶穌基督是童貞女馬利亞被聖靈感孕而生。

馬利亞已經許配了約瑟,還沒有迎娶,馬利亞就從聖靈懷了孕。(太一18)

必有童女懷孕生子,人要稱祂的名為以馬內利。(賽七14)

聖靈要臨到你身上,至高者的能力要蔭庇你,因此所要生的聖者必稱為神的兒子。(路一35)

我們相信耶穌基督被釘死在十字架上成就了我們的救贖。

但現在基督已經來到,作了將來美事的大祭司……乃用自己的血,只一次進入聖所,成了永遠贖罪的事。(來九11、12)

我來了,是要叫羊得生命……我是好牧人;好牧人為羊捨命。(約十10、11)

你們得贖……不是憑著能壞的金銀等物,乃是憑著基督的寶血。(彼前一18、19)

我們藉著這愛子的血得蒙救贖,過犯得以赦免。(弗一7)

我們相信耶穌身體復活的事實。

基督必須受害,第三日從死裡復活。(路二十四46)

你們殺了那生命的主,神卻叫祂從死裡復活了;我們都是為這事作見證。(徒三15)

基督已經從死裡復活,成為睡了之人初熟的果子。(林前十五20)

耶穌被交給人,是為我們的過犯;復活,是為叫我們稱義。(羅四25)

我們相信因信得救，因信稱義的道理。

神愛世人，甚至將祂的獨生子賜給他們，叫一切信祂的，不至滅亡，反得永生。(約三16)

你們得救是本乎恩，也因著信；這並不是出於自己，乃是神所賜的；也不是出於行為，免得有人自誇。(弗二8、9)

神的義，因信耶穌基督，加給一切相信的人。(羅三22)

人稱義是因著信，不在乎遵行律法。(羅三28)

我們相信耶穌再來的道理。

這離開你們被接升天的耶穌，你們見祂怎樣往天上去，祂還要怎樣來。(徒一11)

看哪，祂駕雲降臨！眾目要看見祂……地上的萬族都要因祂哀哭，這話是真實的。阿們！(啟一7)

看哪，我必快來！賞罰在我，要照各人所行的報應他。(啟廿二12)

第二章

新神學派

(Modernism, Liberalism)

任何信仰不論真假，都必須有其信仰的根據，或說權威。

大體來說，從古至今，整個基督教界中信仰的根據可分三大類：

一、基督教的純正信仰以聖經(神的話，也就是神自己)為信仰的唯一根基、憑據或權威。凡是聖經中的真理，我們完全接受；凡與聖經真理相違的道理，我們一概拒絕。

二、新神學派以人的理智為信仰的根據與權威。聖經一切內容之真實性，皆要以人的理智為衡量，為準則，凡理智所不能理解的(或說不合理智的)，一概認為不可信，或棄置不談。

三、羅馬天主教則以其「大公唯一教會」及其一切傳統與聖禮為永生之路、信仰之基。

聖經明明告訴我們：「那已經立好的根基就是耶穌基督，此外沒有人能立別的根基。」(林前三11)又說：「祂(耶穌基督)既得以完全，就為凡順從祂的人成了永遠得救的根源。」(來五9)

從研究異端邪說，我們可以看出來，魔鬼總想引誘人在聖經以外另立根基，在基督以外另建救恩之路。魔鬼只要能引誘人稍微偏離一點神的真道，只要能使人相信得永生是要靠自己一點點的努力，或神以外的任何事，牠的目的就達到了。

在此末世，我們必須在聖靈的光照下，把魔鬼的陷害，以

及牠藉著某些人所傳出來的異端和混亂真道的邪說揭露出來，使人不致被這些「似是而非」的道理擄去。

新神學派的信仰(一)

關於三位一體之神

一、神是「萬物之因」，是「永恆的力量」。不是一位有位格的神，祂只是客觀地存在人的頭腦與思想之中。

二、萬物並非實際由神所創造，而是自始至終存在著，並且逐漸進化。

三、耶穌是人類的模範，是偉大的倫理教師，是位完人，以致跟隨祂的人將祂高舉為神。

四、耶穌所行一切神蹟，乃是聖經中過份渲染的傳奇性記載，都可用自然現象來解釋。

五、耶穌可以說是神的兒子，但正如人類都是神的兒子一樣。耶穌乃是天演進化過程中的最高產物。

六、童女生子的說法顯然受了當時異教信仰的影響，既不合理智，又非科學所能解釋，是不可信的。

七、童女生子與耶穌復活兩件事，對基督教的信仰無關重要。耶穌復活乃是精神的復活，活在人的記憶中。

八、所謂聖靈，不過是人類的正義感而已。聖靈就是人的良心。

聖經真道

一、神是有位格的、活著的、全能的、至聖的，祂關心、憐愛人類，又是昔在、今在、以後永在的真神(出三15；林前八6；啟一8；羅一19、20)。

二、天地萬物都是神所創造的；祂是創造者，我們是受造的(創

一，二；詩九十六5；徒十七24；啟十四7)。

三、耶穌是真神成了肉身，祂是完全的神，也是完全的人(提前三16；約一1、14)。耶穌是三位一體之神的第二位，與世人迥別。萬物都是祂造的，祂是神的獨生子，祂與神一體，祂就是神在肉身的顯現(約一13，十30；提前三16)。把神子耶穌與進化論連在一起，乃是卑微的人類對真神最大褻瀆之一。

四、耶穌是創造的主，宇宙萬物是祂所創造，在祂權下，歸祂掌管。祂有權按自然律行事(自然律原是祂所定的)，也有權行超自然的事，祂不需要受自然律的限制，祂是超乎一切的主。「瞎子看見，聾子聽見，長大痲瘋的得潔淨，死人復活」，在人看來是希奇的，是理智所不能了解的事，但在祂卻是容易、平凡。祂是無所不能的神。聖經中所記載一切的神蹟都是確切的事實(伯三十八至四十一)。

五、惟有基督耶穌是「道成了肉身」。祂是與神同等(腓二6)，祂就是神，藉著肉身來到人間。人是被造的，因著神的愛與恩典，人類可以因信成為神的兒女，但我們永遠不能與基督相等，正如我們不能與神相等一樣。人類不是全部都會得救。聖經說：「信子的人有永生；不信子的人得不著永生，神的震怒常在他身上。」(約三36)

六、童女懷孕在人看來是不可能的，在神凡事都能。聖經明確的告訴我們說：「必有童女懷孕生子」(賽七14)，「還沒有迎娶，馬利亞就從聖靈懷了孕。」(太一18)聖經如此說我們就如此信。

七、童女生子與耶穌復活的事實，在基督教信仰中都是極其重要而不可缺少的：

　　1.耶穌是童女所生，表示祂的神性(加四4)，祂是神在肉身顯現。兩千年來，魔鬼盡力想推翻童女馬利亞懷孕的

事，因為如此，牠就可以推翻耶穌基督的神性。早在創世記三章15節裡，神已經預言了基督的來臨，稱牠為「女人的後裔」。馬利亞在被迎娶以前就從聖靈懷了孕，正如報信的天使對她所說的話：「聖靈要臨到你身上，至高者的能力要蔭庇你，因此所要生的聖者必稱為神的兒子。」(路一35)

2. 耶穌復活是基督教最重要的道理。耶穌若沒有復活，救恩就不能完全。「基督若沒有復活，你們的信便是徒然，你們仍在罪裡。就是在基督裡睡了的人也滅亡了。我們若靠基督，只在今生有指望，就算比眾人更可憐。但基督已經從死裡復活，成為睡了之人初熟的果子。」(林前十五17-20)

自從那七日的第一日早晨以後，各各他山下那墳墓就空了，我們榮耀的主復活了。這復活並不是所謂的「精神復活」，乃是包括身體的復活。耶穌復活後的身體有骨、有肉，可摸觸、可吃東西(約廿27，路廿四39)，這是聖經裡明確記載的。我們所信的不是一個死的教主，而是活的救主！

基督復活也是初期教會使徒們宣講的中心要道，他們在背逆不信的猶太人面前斷言宣告說：「你們殺了那生命的主，神卻叫祂從死裡復活了；我們都是為這事作見證。」(徒三15，參二23、24，二32，四10)

基督復活有下列重要意義：

1. 證明基督耶穌是神的兒子(羅一4；徒十三32-35，徒十七31)。
2. 證明神的大能(林前六14；林後十三4；弗一20)。
3. 完成神的救恩(羅四25；林前十五20-23；徒廿六23)。
4. 戰勝死亡權勢(林前十五51-57；提後一10；何十三14)。

5. 成為一切信祂的人今世生活事奉的保證(羅八34；來七24、25)。

6. 也是一切信祂的人榮耀的應許和盼望(腓三21；西三4；林前十五22、42-49；帖前四13-17)。

八、聖靈是三位一體之神的第三位，是有位格的活神，又稱神的靈(創一2；羅八14)、耶穌的靈(徒十六7)、聖善的靈(羅一4)、真理的靈(約十六13)、永遠的靈(來九14)等。

良心(徒廿三1；羅九1；提前一5)，又稱是非之心(羅二14-15)，是天賦的、與生俱來的。不論已信或未信的人，神都給了他一顆良心，這良心在他裡面告訴他善惡、是非(羅二15)。但是因著人的軟弱與罪性，沒有人能靠良心的管制而得以完全，所以神必須預備一條代贖性的救恩之路，就是由一位「完全者」，一位「無罪者」來白白替世人的罪受刑、受死，使一切肯接受這恩典的人都可因信得救。

這代贖性的救恩，一方面成全了神的愛，一方面又滿足神公義的要求。

人得救不是靠良心或由良心發出的正義感，良心與聖靈是兩回事(羅九1)。

新神學派信仰(二)

關於罪

一、人類代表著進化過程中的一階段，並無自由意志。

二、人類從未犯罪墮落，非但未曾墮落，且在蒸蒸日上。

三、人類之過失，是因受後天環境與社會影響所致，若社會能加以改良，則人可變好〔新神學派注重改變社會，故又稱為社會福音(Social Gospel)〕。

四、人類是從動物演化而來，在此一階段中能有如此輝煌成就，乃人類殊榮。

聖經真道

一、人類不是從動物進化而來，乃是神按祂自己的形像與樣式所造的。神將自由意志，與自由選擇權給了人，因此人類對自己所犯的罪該負責任。亞當和夏娃被魔鬼引誘時，他們可以接受，也可以拒絕，因為他們有自由意志；但他們自甘選擇了魔鬼的路，背棄神的命令。

二、人類犯罪以後，就從神面前墜落了，被趕出伊甸園。自此以後，日日向下，第二代就出了謀殺兄弟的事，約一千年後的挪亞時代，聖經記載：「人在地上罪惡很大，終日所思想的盡都是惡。」(創六5)

　　神藉著幾次的「揀選」，給予人類幾次「新的開始」，希望人能悔改離惡。神用洪水毀滅了當時的人類，揀選了挪亞一家，存留他們的生命，從他們一家重新開始了人類的歷史。但後來人類又陷入諸罪，於是神又從迦勒底的吾珥揀選了亞伯拉罕再作新的開始。祂因著以前的應許(創九11)就不再毀滅世人，而是要藉著亞伯拉罕和他的子孫使救恩臨到萬國(創十二3)。到了所羅門以後，神又從以色列人中特別揀選了猶大支派，但他們始終不能自拔，越來越深陷罪中，以致神的審判至終來臨——他們被擄於外邦。

　　如此，在「人」多次的失敗之後，神終於差祂自己的兒子耶穌基督來到世上，藉著死成就了一次而永遠的救贖(來九11、12)，將深陷在罪中、不能自拔、日日向下的人類拯救出來，「叫一切信祂的，不致滅亡，反得永生」。(約三16)

三、新神學派說：「社會改良之後，人自然變好」。但社會由人組成，人是構成社會的元素；不先解決人的問題而想改革社會，乃是捨本逐末，是不可能的事。

　　神一切的作為都是為了人。祂造天，造地，造萬物，以及祂使獨生子耶穌降世都是為了人。「神愛世人！」

神的救恩，以及祂一切屬靈的功課與操練，都是從個人開始。其方法不是僅僅將我們的外表修理一下，而是使我們得新生命，就是祂自己的生命；使我們作新人，讓神的靈在我們裡面將我們再生一次，就是重生(約三1-8)，使我們成為「新造的人」(林後五17)。

這是基本的方法，也是唯一的方法。

新神學派信仰(三)

關於救恩

一、新神學派認為每人必須努力行善，自贖己罪。

二、所謂耶穌釘十字架的悽慘故事，乃是「屠宰場式的宗教」，是不可接受的，是中世紀黑暗時代的迷信。

三、這種「血腥福音」是已經過了時的陳舊教義。

四、我們不應自私，只顧自己得救，而應注重愛別人。

五、神所要求於人的，就是行好事，作好人。

聖經真道

一、人無力行善，更不能自贖己罪。人能作的最大努力，與神聖潔的標準和公義的要求相距太遠。聖經說：「我們都像不潔的人，所有的義都像污穢的衣服。」(賽六十四6)我們自己認為的「義」，在神的眼中看來，不過是破布敗絮而已。

人稱義、得救唯一的方法，乃是藉著相信耶穌基督，而白白獲得神的義(羅三21、22)。

二、聖經說：「凡物差不多都是用血潔淨的，若不流血，罪就不得赦免了。」(來九22)

從舊約時代開始，神特別規定以血為贖罪之標記。因為贖罪是一件嚴肅的事，而血是人體內極其寶貴的東西，

人的生命是在血中(利十七11、14；申十二23)。

三、主耶穌死在十字架上乃是出於祂的愛心，甘願降世為人，甘願捨身贖世人的罪，甘心卑微，甘心走上各各他的路，甘心掛在十字架上忍受痛苦與恥辱(腓二5、8)。這一切都是出乎祂極大無比的愛！我們在十字架上看見的圖畫美麗無比，充滿了愛的表現、愛的實際！

　　魔鬼使一些人的靈性瞎了眼，妄稱神生命之道為「屠宰式宗教」，願神憐憫，赦免人的罪！

四、得救不是自私的問題，而是永生與滅亡的問題。「世人都犯了罪」，結局都是滅亡，都應該接受、相信耶穌以出死入生。

　　愛別人是應該的，但是要先自己得救才能真正去幫助別人，將福音傳給別人。自己所沒有的，不能傳給別人。

五、神所要求於人的，不是作好事、好人、道德人；祂所要求於人的，乃是作一個因相信並接受祂兒子耶穌基督為救主而重生得救、與祂同行的人(彼後三9；彌六7、8)。好人、道德人，不一定是得救的人。

新神學派信仰(四)

關於審判

一、沒有地獄。

二、神既是慈愛的神，就不會將祂所造的人送入永刑。

三、沒有將來的審判，也沒有身外的審判。審判，乃是在個人心中。

聖經真道

一、地獄是真實存在，乃是一切不信之人以及魔鬼和牠一切使者的最終結局，和永遠的刑罰(啟廿10，廿一8；彼後二4)。

二、神是慈愛的神，所以祂寬容等待人類悔改信主直到今天。

從古至今，神一直差祂的僕人們發出召喚。若不是因著祂的大愛，人類早就應該完全滅亡了。

時至今日，人類仍不肯悔改，乃是自尋地獄之刑，不是神不憐愛，而是人的背逆硬心，一心行惡，自找滅亡。

三、聖經告訴我們，審判可分下列兩大類：

1. 今生的審判

a. 個人內心的審判(約三18)

馬太、馬可、路加三卷福音書都提到，人因外表所行之不義而被定罪。約翰福音則多記載人因內心之不信與暗昧之事而被審判。

未信之人行惡受良心責備(羅二14、15)；已信的人行惡，除良心的責備外，更受聖靈的責備與管教(羅十四22；約壹三20、21)。

b. 個人身體的審判——今世的報應

為了懲罰惡人並警戒他人，神也對人施行立時的審判與刑罰。例如：亞當、夏娃犯罪，被趕出樂園(創三22-24)；該隱殺害兄弟，被充軍異地(創四3-12)；米利暗毀謗摩西，長出大痲瘋(民十二)；可拉攻擊神的僕人摩西，全家墜落陰間(民十六)；亞干在當滅的物上犯了罪，被石頭打死(書七)；烏西亞王干犯聖殿而被罰長大痲瘋(代下廿六16-21)；以呂馬敵擋信徒，被罰瞎了眼(徒十三4-12)；亞拿尼亞、撒非喇欺哄聖靈，被罰身死(徒五1-11)。

2. 來生的審判

人人都有一死，死後且有審判。(來九27)

a. 義人的審判

帖前四15-18告訴我們信徒被提的情形。凡是相信並接受耶穌基督為主，真實重生得救的人，不論在世或已死，都將被神的大能提到空中與主相遇，在那裡舉行羔羊的婚筵。從創世以

來的全體聖徒，都是基督的新婦(聖城新耶路撒冷之城門及根基代表新舊約中一切屬神的人)。聖徒被提之後，在基督台前將有義人的審判，這審判的內容不是定罪而是頒予義人賞賜，因為在此審判中的都是得救的人，只是賞賜不同而已(提後四7、8；羅二6；林後五10；彼前一17)。

6. 白色大寶座的審判(啟廿11-15)

這是最終的審判，從創世以來一切人類的總審判。這是天堂地獄的審判，永生永死的審判，末日的審判！在這審判裡有一個重要的案卷，就是生命冊；任何人的名字若沒有記在生命冊上，也就是說任何尚未相信耶穌為救主、未得救的人，就要被扔到火湖中去。這就是第二次的死，也就是永死！

親愛的弟兄姊妹，這是何等嚴肅而重要的道理。神將這衛道及傳福音的責任交給了祂一切真實的兒女，就是一切相信並持守祂真道的人，在這末世作剛強不妥協的見證！

第三章
羅馬天主教
(Roman Catholicism)

　　天主教之所以稱為羅馬天主教，是因其在羅馬起始，在羅馬興盛，直至今天。全世界的天主教區、教職及其一切信徒，皆聽命於羅馬的梵蒂崗，而羅馬的代表人物就是所謂「普世之父」的教皇。

　　我們不否認，在天主教中有很多信徒個人方面是全心愛主，是蒙恩得救的；我們也知道，天主教的教職中有不少生活聖潔、敬虔事主的僕人們。近年來，聖靈的運動在普世各地教會中被神大大使用，尤以非洲及拉丁美洲為甚，成為今天全世界教會增長最快的地方。感謝主！近年來，聖靈的運動也進入了天主教的教職及信徒中間，以致今天有些天主教神父、修女及信徒成為重生得救、勇於傳福音的人；這是多年來大家禱告的結果。但這仍然是天主教中極少數的人，懇求神使此運動繼續擴大增長，通過他們自己的人，從內部發生屬靈的催化與更新，使更多天主教的教職及信徒醒悟，明白真道，成為神真正的兒女。

　　使徒時代過去以後，初期教會繼續發展，到第四世紀漸漸形成了五個教會中心點，即羅馬、君士坦丁堡、安提阿、耶路撒冷與亞歷山大。在每一教會中心有監督一人，治理轄區會務。但到了第五世紀，羅馬的監督認為羅馬城是當時世界的政治中心，所以羅馬的教會也該是世界的教會中心，於是就宣佈

羅馬的監督，是「普世之父」——教皇。

自此以後，教皇權柄逐漸膨脹，教會充滿異端，進入了中世紀悲慘的黑暗時代。教皇藉著愚民政策(不准聖經譯為通用文字，禁止人民閱讀聖經)及驅逐出教的威脅，也藉著咒詛人靈魂在煉獄受苦的恐嚇，使百姓敢怒而不敢反抗；又因教廷藉買賣各種贖罪票聚斂人民錢財，使人痛惡宗教。直至十四世紀，在極端黑暗之中終於露出了曙光；聖經譯者約翰威克里夫、血證士約翰胡司等人成為改教的先鋒，掀起了回歸真理的第一聲號角。十六世紀初，神的僕人馬丁路德發出了勇敢而不妥協的真理呼聲，毅然反抗教廷，並將新約聖經譯為通用文字。

此一真理的呼聲倏然傳遍歐洲大陸，各國人民風起雲湧，紛紛歸依。在此情形下，羅馬教廷發起所謂「反改教運動」，利用軍隊作正面屠殺，又設立異教裁判所在暗中偵緝，施行酷刑，迫令反悔，藉以鎮壓。

今日我們能有自由聽到純正的福音而不需向羅馬教皇俯首，是因很多信徒為純正信仰已經付上無比的代價！

羅馬天主教的信仰(一)

羅馬天主教是唯一真教會

羅馬天主教會說：彼得是教會的基石(太十六17-19)，天國的鑰匙交給了他，惟有彼得能打開天國的門，惟獨他能捆綁或釋放。

彼得成為羅馬教會第一任監督，所以羅馬也應該是全世界教會的中心與總管。

藉著連續不斷的按手禮，一切所賜給彼得的權柄，都傳給了以後歷任的教皇，直至今日。

主耶穌曾說要在彼得的磐石上建造「我的教會」；彼得既是天主教第一任監督，則天主教當然就是主說的「我的教會」，也

就是普世唯一真教會。

聖經真道

馬太福音十六18所説的「彼得」二字，在原文的意思是一塊單獨的石頭(Petros)。這座磐石，不是彼得而是耶穌自己，請聽彼得如何引用先知的話為主作見證：「看哪！我把所揀選、所寶貴的房角石，安放在錫安；信靠祂的人必不至羞愧。」(彼前二6)。這「房角石」是誰呢？請讀弗二20：「並且被建造在使徒(們)先知(們)的根基上，有基督耶穌自己為房角石。」這些經文説得非常清楚，主自己是教會的房角石，眾使徒和眾先知是根基。(將來聖城新耶路撒冷的根基是十二使徒的名字，城門是十二支派的名字，代表古今一切蒙召的人。)聖經裡絕對找不出彼得(或任何一位單獨的使徒)是教會根基的教訓(參詩十八31；林前十4)。

主曾説將天國的鑰匙給彼得，這事在使徒行傳中已經應驗了！五旬節那一天，彼得將恩典時代的福音，講給猶太人聽，當天有三千人悔改，從此天國之門向猶太人開啟了。後來在哥尼流家中，彼得又向外邦人傳悔改赦罪的道，天國之門也向外邦人開啟。天國的鑰匙就是福音，我們努力傳福音，人們信主得救，天國的門就為他們而開。

主確曾對彼得説：「凡你在地上所捆綁的，在天上也要捆綁；凡你在地上所釋放的，在天上也要釋放。」(太十六19)但這並不是説彼得有權任意捆放，彼得乃是居於僕人地位，按照主人所定之規例去行事。基督所定的規章是信的人得永生，不信的被定罪、滅亡，這是主的規定；不論彼得，或今日的主僕，都要按這規定去行。若按著主的規定，我們所釋放的，主就釋放；我們所捆綁的，主也就捆綁。但若違反主的規定，我們就甚麼都不能作。例如：彼得無論怎樣運用所賜的權柄，也不能使不信的人進入天國，因為違反了主的規定。

　　羅馬天主教說彼得是羅馬教會的首任監督，並引用彼前五13的話，認為巴比倫即指羅馬，以證明彼得在羅馬。但，彼得若在羅馬，為何在羅馬書十六章保羅的問安中，並未提到彼得的名字？這是不可解釋的事。彼得若在羅馬，當保羅到達羅馬時，他一定會前去迎接，保羅不可能不提到他；但路加並未提及彼得的名字。(徒廿八15)保羅在羅馬寫提摩太後書時，說到「獨有路加在我這裡」(提後四11)，若彼得在羅馬，保羅不可能不提到他。

　　羅馬天主教所說的連續不斷的按手禮，事實上已中斷了多次，而且有時二人甚至三人同時宣佈自己為教皇，互相攻擊。

　　我們應該注意太十六18的字：「我要……建造」，「我的教會」。基督是教會的主人，也是教會的建造者。凡傳揚基督純正的福音，執行基督一切吩咐，高舉基督為首，按照基督的話用心靈和誠實敬拜神的，都是主的教會。反之，不論歷史如何悠久，組織如何龐大，皆不能算為基督的真教會，只是一個「宗教集團」而已。同時，宗教與福音有別，宗教不能救人，佛教、伊斯蘭教都是宗教，都不能救人；惟有基督的福音能賜人永遠的生命。

羅馬天主教的信仰(二)
教皇無誤論 (Papal Infallibility)

　　在1870年的梵蒂崗會議中，羅馬天主教宣佈了所謂教皇無誤的說法；教皇所作一切有關信仰及道德的諭旨，都是絕對正確而不可能有錯誤的；教皇所頒一切命令是普世天主教徒所應該完全相信、接受，並遵從的。

聖經真道

一、聖經中找不到一個地方可以作教皇無誤論之根據。

二、聖經中卻明確告訴我們監督、執事、長老等，負責牧養群羊之人的靈性與道德標準。(徒六3，廿28；提前三1-13；多一5-9)

三、從歷史裡我們看到歷代多少教皇言行的缺欠，而且後世之教皇常常廢止以往教皇之諭旨，並斥為異端，甚至曾有三人同時宣佈自己為教皇，而互相攻擊。

四、雖然如此，他們對百姓卻管轄嚴峻，威嚇人的靈魂，搾取錢財，以致天主教會極為富有(今日依然)，這正是違背聖經的教訓：「不是轄制所托付你們的，乃是作群羊的榜樣。」(彼前五3)

五、教皇無誤論僅在百餘年前(主後1870年)，在梵蒂崗的會議中經過諸多抗議而強行通過，成為天主教信條的。

六、在神的話語與聖靈的光照下，我們否認教皇無誤之說。這種論說是神所憎惡的、危險的，是干犯神、竊取神榮耀的，是將人高舉到了神的地位！

　　甚至使徒保羅也只能謙卑地說：「這不是說，我已經得著了，已經完全了；我乃是竭力追求，或者可以得著基督耶穌所以得著我的。」(腓三12)

羅馬天主教的信仰(三)

罪(Sin)

　　羅馬天主教認為人類所犯之罪分為二類：一類是「該死的罪」，一類是「可恕的罪」。「該死的罪」使犯罪者成為神的敵人，應入地獄；「可恕的罪」不使犯者成為神的敵人，也不致墜入永刑。

聖經真道

　　人所犯的一切罪都足以引致滅亡。聖經告訴我們，「罪的工價乃是死」(羅六23)，又說，「凡遵守全律法的，只在一條上跌

倒,他就是犯了眾條」(雅二10)。

只要人肯悔改認罪,神必赦免我們的罪,凡不悔改的,一切罪都是該死的 (約壹一9)。

羅馬天主教的信仰(四)

功德(Merits)

羅馬天主教認為人得救只靠信心不夠,必須也靠善行與功德。人的功德若不夠,則可借用其他聖徒或聖母馬利亞之「多餘功德」來補個人善功之不足。天主教用雅二22「信心是與他的行為並行,而且信心因著行為才得成全」,作他們的根據。

聖經真道

查考原文,這裡的「行為」二字並不是善行或功德的解釋,而是行動與實行的意思。這裡,雅各是說「活的信心」與「死的信心」不同,「信」的本身就是一個行動,雅各並不是說信心加上功德才算完全,而是說有行動的(活的)信心才是完全的信心。

若是得救靠個人善行,那麼人類又有可驕傲之處了;但聖經清楚告訴我們:「你們得救是本乎恩,也因著信;這並不是出於自己,乃是神所賜的;也不是出於行為,免得有人自誇。」(弗二8、9)

在祂恩典中,神將祂的兒子耶穌基督從天上賜給我們,我們用信心相信並接受耶穌到我們裡面,成就了救贖的恩典,我們在主裡重生成了新造的人,我們的行為自然有所改變。

好行為乃是得救的結果,而不是得救的條件。

羅馬天主教的信仰(五)

洗禮(Baptism)

羅馬天主教認為洗禮是得救的必要條件，人臨死前若不經過神父的洗禮，要立刻下地獄！1215年第四屆拉特蘭會議(Lateran Synod)中宣佈，洗禮可洗淨一切已犯之罪！

羅馬天主教認為耶穌基督寶血的諸般功能，乃是藉著各種聖禮而臨到信眾。洗禮的水可以確實洗去人的罪，並免去一切當受的懲罰。當洗禮的水灑到嬰兒身上時，嬰兒的原罪就立刻被洗淨了。

羅馬天主教更引用約三5的話：「人若不是從水和聖靈生的，不能進神的國。」他們認為這裡所提的水即洗禮的意思，所以凡受過羅馬天主教洗禮的，就是「重生得救」的人。

聖經真道

洗禮並不能洗去人的罪，洗禮乃是一個見證、一個表示、一個記號。

聖經告訴我們說：「豈不知我們這受洗歸入基督耶穌的人是受洗歸入祂的死嗎？所以，我們藉著洗禮歸入死，和祂一同埋葬，原是叫我們一舉一動有新生的樣式。」(羅六3-4)

如此說來，洗禮乃是我們與基督同死、同埋葬、同復活的一個公開見證，表徵我們裡面的一個屬靈經歷；洗禮的本身並不能洗淨罪。洗禮是好的，是信徒當遵行的，但我們若不從心裡相信接受耶穌為救主，縱使受洗一百次，也不能得救。反之，那與主同釘的強盜，雖未受洗，卻因信而得救了。所以洗禮只是一個外在的見證，信心才是得救的根基。

我們不能同意嬰兒受洗的事，因為受洗是外在的見證，表示裡面的一個真實經歷；嬰兒是無知的，所以不適用。況且，

在聖經裡，我們也找不到嬰兒受洗的例子與教訓。

約三5所說的水並不是指洗禮，而是指神的道、神的話、基督寶血洗淨之能力。神的話進入我們耳中，聖靈感動我們，使我們相信並接受神的話，我們的罪被主寶血洗淨，我們成了新造的人，重生得救了，這是經文的意思。

羅馬天主教的信仰(六)

煉獄(Purgatory)

煉獄之說乃是受了佛教及其他異教學說之影響，主後第三、四世紀時，已有一些類似說法在流傳。第六世紀末，羅馬天主教第一任正式教皇大貴格利(Gregory the Great)宣佈，在天堂、地獄之間有熱煉之火存在。至十五世紀，羅馬教廷正式將煉獄列為信條：未悔改而死的惡人一直墜落地獄，具有特殊功德的人直升天庭，絕大多數的一般信徒則需經過煉獄火燒之苦。

煉獄中之長短，羅馬天主教神學家們意見不同。有的認為每人每日平均犯三十個小罪。每一小罪需受煉獄之苦一日，如此再加上其他大罪，則一個六十歲死去的人平均需在煉獄中一千八百年！

聖經真道

羅馬天主教引用林前三15的話：「人的工程若被燒了，他就要受虧損，自己卻要得救，雖然得救乃像從火裡經過的一樣。」認為這裡所說的火是指煉獄；但他們卻不看見使徒在這信息裡談及的，並非罪的問題，而是事奉的問題。

因為聖經裡找不出煉獄的教訓，羅馬天主教多引用「次經」及教父們的話來證明煉獄之存在。

神的話說：「從今以後，在主裡面而死的人有福了！聖靈說：『是的，他們息了自己的勞苦，作工的果效也隨著他們。』」(啟十四13)

「耶穌對他說：『我實在告訴你，今日你要同我在樂園裡了。』」(路廿三43)

「我們坦然無懼，是更願意離開身體與主同住。」(林後五8)

「因我活著就是基督，我死了就有益處……我正在兩難之間，情願離世與基督同在，因為這是好得無比的。」(腓一21-23)

「因為你們已經死了，你們的生命與基督一同藏在神裡面。基督是我們的生命，祂顯現的時候，你們也要與祂一同顯現在榮耀裡。」(西三3、4)

羅馬天主教的信仰(七)

向神父認罪與被赦罪(Confession and Absolution)

羅馬天主教認為洗禮是洗去原罪與以往所犯之罪，但受洗以後所犯之罪則必須向神父認罪才得赦免，因為神已將審判、定罪與赦罪的權柄給了神父。

羅馬天主教引用約廿23：「你們赦免誰的罪，誰的罪就赦免了；你們留下誰的罪，誰的罪就留下了。」作為根據，十六世紀的天特(Trent)大公會議宣佈，凡不相信並遵守此信條的，必受咒詛。

聖經真道

在聖經中，找不出一處記載主的門徒或使徒們，接受人悔罪，或宣佈赦罪。

約廿19-23所記載耶穌復活顯現的事，與路廿四36-49所記載的，乃是同一件事。路加福音詳細地說明了，當時在場的人不

單包括了十一位使徒，也包括「和他們的同人」(33節)；如此，主的話不單是對使徒們說的，也是對一般信徒說的。

關於「赦免」與「留下」的意義：主自己吩咐說：「基督必受害，第三日從死裡復活，並且人要奉祂的名傳悔改、赦罪的道，從耶路撒冷起直傳到萬邦。你們就是這些事的見證。」(路廿四46、47)

我們再看使徒們如何遵行主的話。彼得在五旬節時藉先知的話宣佈說：「凡求告主名的，就必得救。」(徒二21)彼得並沒有說：「凡向我悔罪的，就必得救。」使徒們是按著主的命令宣揚祂的道。凡接受耶穌的，罪得赦免；不信的，必被定罪。當腓立比的獄卒問保羅和西拉說：「我當怎樣行才可以得救？」他們的回答乃是：「當信主耶穌，你和你一家都必得救。」(徒十六31)

聖經清楚告訴我們：「只有一位神，在神和人中間只有一位中保，乃是降世為人的基督耶穌。」(提前二5)耶穌為我們死了，為我們開了一條又新又活的路，使我們來到父神面前。我們決不相信在耶穌以外，我們仍需要其他中保。

羅馬天主教的信仰(八)

功德庫(Treasure of the Church)

羅馬天主教認為人必須藉禁食、禱告、捐獻、善行來積蓄功德，而所積之功德可抵銷個人所犯之罪過，功德特高者可免去煉獄之苦。

大功大德之人，所積功德遠超過自己所需，他們可將多餘的功德，移交所謂「教會寶藏」，即「功德庫」中。此庫儲藏著基督藉彌撒而施放之功德，以及「聖母」馬利亞和諸「聖人」之剩餘功德，而由「基督的代表」──教皇全權處理運用。

羅馬天主教的教訓是信徒多參加彌撒，並多向天主教會奉獻金錢，即可獲得功德庫中多餘功德之分配，而縮短或免去煉獄之苦。

聖經真道

多少個世紀來，這「功德庫」無疑成了羅馬天主教轄制人、聚斂錢財的最大方法之一。

整個「功德庫」的說法，近乎原始迷信；不但在聖經中找不出絲毫教訓和根據，一般有識之士也不該相信這種說法。

聖經告訴我們：「現在基督已經來到，作了將來美事的大祭司……用自己的血，只一次進入聖所，成了永遠贖罪的事。」(來九11、12)聖經又說：「祂(耶穌)為我們的罪作了挽回祭，不是單為我們的罪，也是為普天下人的罪。」(約壹二2)不論時間和空間，人類一切贖罪、得救的事，基督在十字架上已經一次而永遠地解決了。我們今世來世一切所需，都可從基督耶穌那裡因信而得到。神說：「我的恩典夠你用的。」可見不必再依靠甚麼功德庫，或所謂「聖」人的餘功。一切的「聖」人和馬利亞都需要主耶穌的救恩才能得救，自己不可能有任何功德，更談不到有功德可以分給別人。

聖經中曾提到賞賜：「人在那根基上所建造的工程，若存得住，他就要得賞賜。」(林前三14)但神的賞賜純是出乎恩典，並不是看人的功德。甚至神最大的恩典，將祂的獨生子賜給世人，也是白白賜給，而不是因著人的任何功德或善行。

羅馬天主教的信仰(九)

贖罪票(Indulgence)

羅馬天主教認為，基督在世時既有權向犯罪的婦人說：「我也不定你的罪。去罷，從此不要再犯罪了。」教皇是「基督耶穌的代表」，當然也可作同樣的事，可以赦人的罪，並且有權從教會寶藏(功德庫)中支取餘德給需要的人，給與的方式是一張贖罪票。

聖經真道

千百年來贖罪票大體可分下列數種：

一、限時贖罪票——在規定日期內所犯之罪可得赦免。

二、個人贖罪票——為購票者本人用。

三、特別贖罪票——為某一指定之教堂或教區而用。

四、即時贖罪票——為緊急之用。

五、通用贖罪票——此票不分地區，在任何教堂，任何教區皆可通用。

六、無限贖罪票——這種贖罪票價錢極高，持此一票，不但以往所犯之罪一掃而清，將來的罪也預先得到赦免，不但今生的一切罪惡盡消，來生的罪(指煉獄之苦)也完全解除。

七、另外，1517年發行一種贖罪票，可使購票人已死之親屬立刻脫離煉獄，直升天庭。因為當時的羅馬教皇急需大筆款項修建聖彼得大教堂，遂差遣代表四處出售賣這種贖罪票。教皇代表來到馬丁路德之教區聚眾演講：「聽啊！你們的父母、妻子、兒女們在煉獄中的哀號！當你們的錢落在這錢櫃中而發出響聲時，他們的靈魂就立刻升入天國了。」

這種情形傳入馬丁路德耳中，遂激發起他寫九十五條宣告的決心。在漫無邊際的黑暗之中，終於露出了曙光——宗教改革。

時至今日，贖罪票的制度仍然用各種不同方式進行。天主教用贖罪票的方法聚斂錢財，並控制人的救恩問題，是完全違反聖經的。假若「買票」可以贖罪，那麼，基督的寶血與十字架的功勞都是不必要的了；假若金錢可以除掉罪，那麼，世上的富翁們可以有許多變相使人「將功抵罪」的辦法了。例如多年前，筆者在羅馬參觀梵蒂崗聖彼得大教堂，該堂內有一段寬闊的樓梯，約有二、三十級之高，旁邊的一木牌上寫著：凡用膝蓋爬上此樓梯者，可免受煉獄之苦若干年。筆者親眼看見天主

教徒們，男女老幼，用膝蓋跪行，恭敬的爬此樓梯，絡驛不絕。

聖經明明告訴我們說：「你們得救是本乎恩，也因著信；這並不是出於自己，乃是神所賜的；也不是出於行為，免得有人自誇。」(弗二8、9)。神也告訴我們，「我們在愛子裡得蒙救贖，罪過得以赦免」(西一14)。愛子就是耶穌基督，信靠祂是唯一通往永生的路，「除祂以外別無拯救，因為在天上人間，沒有賜下別的名，我們可以靠著得救」(徒四12)。

所以，贖罪票及一切「將功抵罪」的人為辦法，都是不符合聖經的錯誤教訓，在赦罪與救恩的事上，毫無用處。

羅馬天主教的信仰(十)

敬拜馬利亞(Mariolatry)

羅馬天主教敬拜馬利亞的程度，有些地方已經超過了敬拜神或基督的程度。基督是公義的王，馬利亞被稱為「慈悲的后」。十六世紀的天特會議中，稱馬利亞為「向自己所生之王代求的天后」。

早在四世紀末，西方教會(即羅馬教會)就開始向馬利亞禱告了。以後日漸發展，以致在天主教的日曆中，每年有十四個節日為馬利亞而設；每週六要紀念馬利亞，很多地方每年的五月全月獻給了馬利亞，1953年更被定為馬利亞年。

耶穌是神，馬利亞被稱為「神母」。

羅馬天主教認為：

一、當我們向主耶穌禱告時，若轉請馬利亞代求，耶穌當會因母親之情面而容易(或優先)答應我們的祈求。

二、馬利亞無罪成胎論(Immaculate Conception)

馬利亞在母腹中是無罪成胎的，所以馬利亞沒有原罪。天使稱她為「蒙大恩的女子」，意思也就是「沒有原罪的

女子」。

三、馬利亞始終童身

　　　　馬利亞終身是童身的，聖經中所提耶穌的兄弟實在是
他的表兄弟。

四、馬利亞升天論(The Assumption of Mary)

　　　　馬利亞無原罪，終身沒犯罪，極端聖潔，以致她與我
們的主一樣，死後三天復活並升天了。現在天上坐在基督
的右邊被封為天后。

　　　　耶穌基督是「救主」(Redeemer)，馬利亞是「同救主」(Co-
Redemptrix)。

聖經真道

　　神在眾女子中選擇了馬利亞作道成肉身的器皿，當然有祂
的理由。報信的天使曾對她說：「蒙大恩的女子，我問你安，主
和你同在了……你在神面前已經蒙恩了。」(路一28-30)馬利亞無
疑是一個敬畏神、謙卑、安靜、具有美德之女子。施洗約翰的
母親以利沙伯被聖靈充滿，對她說：「你在婦人中是有福的！你
所懷的胎也是有福的！」(路一42)

　　但馬利亞不能因這一切的福而驕傲(她本人並未因此驕傲，
事實上也不該驕傲)，正如以色列人不能因為被神揀選為選民而
驕傲一樣。摩西死前在曠野向以色列人說：「以色列啊，你是有
福的！誰像你這蒙耶和華拯救的百姓呢？」(申三十三29)這話與
以利沙伯向馬利亞所說的話極為相似。

　　以色列人之被選，不是因為他們有任何長處，完全是因著
神的揀選。「耶和華說：『我要顯我一切的恩慈……我要恩待誰
就恩待誰，要憐憫誰就憐憫誰。』」(出三十三19)馬利亞被選，也
是如此。

一、禱告時，特請馬利亞向耶穌代求是完全不合聖經的；向任

何聖徒祈禱，也是不合聖經的；向天使祈禱也是不合聖經的。我們只能向主耶穌，或藉著主向父祈求；因為「神和人中間只有一位中保，就是降世為人的耶穌基督」(提前二5)。

聖經中找不出向馬利亞或聖徒或天使禱告的教訓。

我們與神之間不需其他中保，更不需要徇情取巧的方法。主耶穌清楚告訴我們：「你們奉我的名無論求甚麼，我必成就，叫父因兒子得榮耀。」(約十四13)可見我們的禱告與馬利亞、聖徒或天使毫無關係。

二、天主教為要將馬利亞高舉為神，就先證明馬利亞沒有原罪。若是「蒙大恩」可以當作「無原罪」解釋的話，那麼但以理「大蒙眷愛」也可以算為「無原罪」了。

聖經中沒有任何地方可作為馬利亞無原罪而成胎的根據。

馬利亞本人所作的讚美詩中説：「我心尊主為大，我靈以神我的救主為樂。」惟有罪人才需要救主，馬利亞承認並自然流露了她需要救主。

她在潔淨的日子，與約瑟去聖殿獻祭，表示她自己有罪需要救贖(路二24；利十二)。

三、這是一個嚴肅的問題，是我們的主在世之母的事，我們不願輕率講論；但為駁斥異端，我們有以下的明辨：

天主教有一種不正確的思想，他們認為不結婚者較結婚者為聖潔，所以為了高舉馬利亞，必須證明她始終保持童身。

路二7所説「頭胎的兒子」，顯示馬利亞以後仍有其他兒女。

詩六十七篇乃是預言彌賽亞之受難，第8節説：「我的弟兄看我為外路人，我的同胞(原文為我母親的子女)看我為外邦人。」證明耶穌有同母的兄弟。

可六3的話：「這不是那木匠麼？不是馬利亞的兒子雅各、約西、猶大、西門的長兄嗎？他妹妹們不也是在我們

這裡嗎？」這些經文毫無疑惑地說明了，馬利亞有其他子女。

四、馬利亞肉身升天論，是天主教高舉馬利亞為神的最高峰。自第七世紀開始就有此論說，到了第九世紀就規定了每年8月15日為馬利亞升天節。至1950年11月1日諸聖節的一天，教皇更正式宣佈為信條，不接受此信條者被驅逐出教。

五、馬利亞無疑是一位具有美德而敬虔的女子。在迦拿的婚筵上她對僕人們說：「祂告訴你們甚麼，你們就作甚麼。」(約二5)她將一切榮耀、權柄歸給了主。她今日若還在世，將要如何嚴厲斥責這一群拜她，將她高舉為神的人！她必定高聲疾呼：「在神和人中間只有一位中保，就是降世為人的基督耶穌！」

羅馬天主教的信仰(十一)

相信遺物

自從第八世紀，羅馬天主教開始敬拜偶像或畫像，雖幾經反對，卒在1562年的天特大公會議中通過。天主教認為聖經中所說不可拜偶像僅指異教偶像而言，天主教的聖經將第二條誡命(不可拜偶像)刪除，而將第十條誡命分為兩條，以滿其數。

天主教相信基督或「聖」人的遺物可以護身並可降福；最普通的遺物是聖人骨頭，最出色的遺物包括有摩西石版的碎片、摩西及亞倫的杖、最後晚餐的桌子、耶穌十字架的木片、荊棘冠冕的刺、十字架的鐵釘、耶穌的內外衣、施洗約翰的頭等等。

很多遺物是偽造的；釘十字架只需三、四枚釘子，今日共保存有十四枚；刺入主肋骨的槍頭只有一個，今日共出現四個！此外，天主教尚保存著兩個施洗約翰的頭；一個在羅馬，一個在亞米安。

天主教所策封的聖人不計其數。並在日曆中為每位聖人分派一日，該日專一向他祈禱。後因聖人過多，日子不敷分配，於是設立了諸聖節(All Saints Day)，將一切未分配日子的聖人皆放入此日中。

天主教也主張敬拜天使，並引證太十八10作根據：「他們的使者在天上，常見我天父的面。」

聖經真道

十條誡命中的第二條，清楚記載神的吩咐說：「不可為自己雕刻偶像……不可跪拜那些像……」(出廿4、5)。天主教既製造偶像，又引人拜像；很多天主教徒的汽車窗內都放一個小型的耶穌像或馬利亞偶像，認為可以保護他們駕車平安，這與其他迷信的宗教有何不同？是何等可憐的事！

拜偶像是神所痛惡的大罪之一。我們除去不敬拜有形的偶像之外，更當剷除心中無形的偶像，讓主在凡事上居首位。

天主教引用王下十三20、21，死人碰到以利沙的骨頭而復活的事，作為遺物具有能力的根據。我們首先應該明白，使死人復活不是以利沙骨頭的能力，而是神的大作為；同時，以色列人也並未因此而爭取以利沙的骨頭，或給他修廟、敬拜他。

天主教並引用彼得的影兒及保羅的手巾、圍裙醫病等事作為相信遺物的根據。但請聽彼得如何作見證：「以色列人哪……為甚麼定睛看我們，以為我們憑自己的能力和虔誠，使這人行走呢……我們列祖的神，已經榮耀了祂的僕人(或譯兒子)耶穌……祂的名便叫你們所看見、所認識的這人健壯了。」(徒三12-16)

保羅寫信給哥林多、腓立比等教會的會眾，稱他們為聖徒，意思是他們因信耶穌基督被神算為義，在地位上成了聖，成了屬神的人。

天主教中所謂聖人的意思與此不同，乃是在人死後，大家

有感於他的功績，由教會封他為聖人。既被封為聖人，人們也就開始向他禱告。

全部聖經中沒有一處向死人禱告的教訓。禱告是與敬拜相連，聖經說：「當拜主——你的神，單要事奉祂。」(太四10)

敬拜天使也是完全不合聖經的，在啟十九10，廿二8、9兩次記載使徒約翰要敬拜天使，但兩次都被拒絕，而且被勸告說：「你要敬拜神。」

神將一切都賜給了我們，但是祂的榮耀與敬拜，我們不可以輕忽、隨便，這是惟獨歸給神，也是應當歸給神的。

基督教與天主教信仰比較表

	基督教	天主教
信仰的根基	基督	彼得
首領	基督耶穌	教皇——基督代表
中保	基督耶穌	加上馬利亞、聖人、神父等
救恩	本乎恩，因著信，白白得到	本乎恩，因著功德及聖禮
得救的根基	神的話(聖經)，聖靈的感動	人的話(教皇諭旨)，天主教會
目的	拯救未信的人，造就已信的人	使人加入教會，增加教會的勢力
敬拜對象	三位一體的真神	加上馬利亞、聖人、聖像、偶像、天使、遺物等等
能力的來源	神的愛，聖靈大能	恐懼與迷信
果子	平安、喜樂、滿足、主裡的自由	憂愁、無定、恐懼、束縛
最終結局	永遠與神同在	煉獄之火

第四章
耶和華見證人
(Jehovah's Witnesses)

那偷進人家，牢籠無知婦女的，正是這等人……常常學習，終久不能明白真道。(提後三6、7)

耶和華見證人(以下簡稱見證人)，乃是古老的亞流派異端(Arianism)再次出現。

主後四世紀初，亞歷山大教會的長老亞流(Arius)公開宣講異端，否認基督的神性，他的論説可分下列數點：

一、父(上帝)比子(耶穌)在先，所以子未曾與父永遠同存。

二、約一1的話「太初有道，道與神同在，道就是神」，為不可信。

三、道(基督)是被造的，不過是最先被造而已。

四、道既是被造的，則不能與神同等。

五、道也可能犯罪。

當時有一班人附從亞流的説法，信徒中產生混亂，於是教會召開了第一次國際性會議，就是尼西亞大會(Nicean Conference, AD 325, 6, 19-27, 29)。會中經過周詳辯論之後，決定亞流派為異端，並通告禁閲亞流所著書籍。大會為辨明並保守基督教純正信仰起見，訂定了尼西亞信經(Nicene Creed)，至今仍被很多教會在崇拜時誦讀。

想不到一千四百餘年後，魔鬼又將亞流的異端再次藉著一

個名叫羅素(Charles T. Russell)的人在美國重現。

見證人的起源

羅素在1872年開始宣傳他的論說。在最初十二年內，沒有固定名稱；1884年，他們自稱為錫安守望台；1909年，改稱為人民講台會；1914年，又改稱國際聖經學生協會；直到1931年，在羅素的繼承人羅森福(J.F. Rutherford)的領導下，改成今日的名字——耶和華見證人。

一百多年以後的今天，見證人成為神的教會最激烈的仇敵之一。他們反對一切純正的信仰，如三位一體、基督的神性、基督贖罪的真義等等，他們毫不遲疑地宣稱其他教會為「耶和華在地上國度」的敵人，「撒旦的組織」。

見證人的名稱

他們引用賽四十三10、12，四十四8「耶和華說，你們是我的見證」為名稱的根據，認為神在這裡所說的「你們」，就是指著今日的見證人。任何虔心讀經的人，也可看出在這兩章聖經中，「你們」二字神是指著祂的選民以色列人而說的。不但如此，見證人認為啟七章與十四章中所說的14萬4千人就是見證人的人數。惟有「見證人」是得勝純潔的信徒，其他教會皆需經過大災難。(但因見證人的人數已經超過了14萬4千，為了自圓其說，首領們最近發明新論：除去14萬4千人以外，尚有所謂「哈米吉多頓劫餘之人」；雖然14萬4千人數已滿，但凡參加見證人「教會」的，皆可成為劫餘之人，得享地上永遠安樂。)

見證人的首領，無知地將他們自己退回了主前的舊約時代。因為在新約時代的基督徒，乃是作基督的見證；在新約聖經中，沒有「耶和華的見證」這名詞或命令，主在升天前給門徒的吩咐乃是「直到地極，作我(基督)的見證」(徒一8，路廿四48)。

見證人的傳教方法

龐大的文字工作

在各教會中，見證人擁有最龐大的印刷廠，每月出產印刷品百千萬份，其中尤以《守望台》(*Watch Tower*)及《覺醒》(*Awake*)推銷最廣。所用皆通俗文字，對一般人的影響最大。

逐家拜訪，一戶不漏

當見證人在某一城市開始工作時，先將該城劃為若干區，然後在每區逐街、逐巷、逐家登門拜訪，不漏掉一戶。他們手持書刊及小型錄音機，有禮貌地進入你的家。他們從上級學習背誦了數十處經文，能夠將他們的教訓說給你聽，並指出你的信仰如何錯誤。根據經驗，很多在神的話語上沒有追求的基督徒們，對他們這「前三招」已有招架不住之感。有一位年青人曾對我說：「我知道他是錯的，但不知如何反駁他！」你若在聖經上有根基，用真理的話語向他進攻，他會感覺失措，但絕不放棄。他會打開錄音機請你聽他上級的話，若仍不能取勝，他會禮貌地告辭，然後下星期帶他的上司來與你面談。一次不成功，再試第二次；兩次、三次不成功，也不氣餒，直至達成目的為止。單就拜訪之努力，見證人實可稱第一。

全力推銷印刷品

見證人深深曉得文字工作的重要，他們每一位會員必須奉獻時間推銷印刷品，很多人每月奉獻60小時作推銷員及拜訪工作。拜訪的人離去前，必留下幾份書刊，希望在他們走後，仍可以使你受到影響。在美國，時常可以在街頭巷尾看見他們的人售賣《守望台》等書刊。

使你以為他們處處根據聖經

我們知道，一些小的教團常常奮勇致力於一種特殊工作，

目的乃是遮蓋此教團過去的某種缺欠。安息日會創始人懷艾倫太太(Ellen G White)被當時眾多名醫證實是一個神經錯亂的人；所以今日安息日會在各處設立療養院、醫院等等。同樣，見證人的創始者羅素是學問平庸的人，但他卻常常「引證」聖經原文來支持他的論說，以致造出很多可怕的笑話；結果被人訴之於法，法官當庭遞上一本希臘文的書請他當眾誦讀，他卻不能。在這種心理反應下，見證人特別注重文字工作，並自己重譯聖經(新世界譯本)。

與你談話的「見證人」，會處處使你感覺他如何熟習聖經，當你不同意他的論說時，他更會對你說：「你若參考一下聖經字典，就會明白。」或說：「你若多研究聖經原文，一定會同意。」或說：「我真巴不得你以後多讀這正確的譯本(指他們的新世界譯本)！」

耶和華見證人的信仰(一)

一、見證人認為上帝是一位一體。三位一體的說法是不可信的，只能用於黑暗時代，並且造成了黑暗時代。

二、上帝從永遠到永遠是隱藏的，不可知的。

聖經真道

三位一體乃是聖經中真理，也是至善之神的最大奧秘之一，是幾乎超過我們理解能力以外的事情；但我們憑著神自己的啟示與指引，能夠知道一些關於三位一體的真理：

一、**全部聖經是三位一體的表證與根據。**

1. 舊約與新約是不可分的；舊約是新約的準備與開端，新約是舊約的實體與完成。

   在舊約，我們看見真神不是一位一體而是三位一體。創一1的「神」字，在原文是複數的，同章26節又

說：「我們要照我們的形像，按著我們的樣式造人。」

此外，舊約裡多次提到「神的靈」(創一2；賽四十八16，六十三10；結二2，八3；亞七12)，並且提到彌賽亞(基督)的神性(賽七14，九6)。

2. 新約裡，有關三位一體的話說得更清楚、更明顯。

a. 道成肉身的事實，證明三位一體。

b. 五旬節聖靈降臨，證明三位一體。

c. 主在約但河受洗，聖父發聲，聖靈降臨在祂的頭上，證明三位一體。

d. 主自己的話，證明三位一體：「父、子、聖靈的名」(太廿八19)(請注意，這裡不是說「父的名，子的名，聖靈的名」，而是說「父、子、聖靈的名」)。這「名」字在原文是單數而不是複數，表示真神有三個位格，卻是一體。(使徒信經亦提到，我們所信的神是三位一體的神，其位不可亂，其體不可分。)

e. 主自己說「我與父原為一」(約十30)，又說「人看見了我，就是看見了父」(約十四9)，又說「父在我裡面，我也在父裡面」(約十38)；證明基督與上帝是一體，但可分別行事。

f. 使徒保羅見證三位一體：「恩賜原有分別，聖靈卻是一位；職事也有分別，主卻是一位；功用也有分別，上帝卻是一位。」(林前十二4-6)保羅在林後十三14祝福的話裡，更顯示三位一體的真實：「願主耶穌基督的恩惠、上帝的慈愛、聖靈的感動，常與你們眾人同在。」

二、神雖然一方面是自隱的(賽四十五15)，一方面又願意人認識祂。

這位至高無上、滿有尊嚴的唯一真神有一個特性，就是祂不願運用自己的威嚴將自己顯赫的直接顯示給人，而願間接的通過

其他事、物、人、以及祂的獨生子基督，來將自己表達給人。

1. 藉著事：

你們要追念上古的事，因為我是上帝，並無別神。(賽四十六9)

你雖不認識我，我必給你束腰。從日出之地到日落之處，使人都知道除了我以外，沒有別神。(賽四十五5、6)

在迦密山上，神用火燒盡了燔祭和祭壇，結果，民眾都俯伏在地承認說耶和華是神！(參王上十八39)

2. 藉著物：

諸天述說神的榮耀；穹蒼傳揚祂的手段。(詩十九1)

自從造天地以來，神的永能和神性是明明可知的，雖是眼不能見，但藉著所造之物，就可以曉得，叫人無可推諉。(羅一20)

3. 藉著人：

在舊約，神藉著祂的眾僕人，就是先知、祭司、君王；在新約，藉著使徒、門徒及歷代聖徒將祂顯明。

4. 藉著基督：

人看見了我，就是看見了父。(約十四9)

從來沒有人看見神，只有在父懷裡的獨生子將祂表明出來。(約一18)

愛子是那不能看見之神的像。(西一15，參來一3)

耶和華見證人的信仰(二)

一、見證人認為耶穌是被造的。神最初造了兩個大能天使，就是米迦勒與露西弗。露西弗背叛了神，成為魔鬼，米迦勒被差到人間成為耶穌。

二、見證人的新世界譯本聖經，將約一1翻譯為「太初有道，道與神同在，道是一個神」；最後一句的英文應該是The Word was God(大寫字母)，新世界譯本譯為The Word was a god(小寫字母)。

三、耶穌在世時並不是兼有神性與人性，祂在世時只是一個純粹的人，與未犯罪前之亞當相同。

四、耶穌這個「人」在十字架上的死是永遠的死了，是遭受了永遠的毀滅，永遠不復存在。

五、耶穌這個「人」從未復活；空的墳墓並不能證明復活的事，他的身體或被上帝取去，或化成氣體，無人知道。

六、為了酬賞耶穌其人的順服，上帝賜給他一個神性的靈體；所謂復活的，乃是這靈體。

七、這靈體的耶穌可能與神永遠長存，但耶穌其人的前身米迦勒乃是被造的，不是與神同時開始。

聖經真道

一、擅言主耶穌基督是被造的，乃是卑微人類對真神的最大褻瀆之一。

全部聖經證明耶穌基督是神，是三位一體的第二位(見前述)。

米迦勒向神盡忠，是神所重用的大能天使，但決不是所謂「耶穌的前身」。

我們可以確知但十4-6所記載的，乃是舊約中基督的顯現，其描寫正與啟一13-16所記載的基督顯現一樣。在但十13、21中，基督曾兩次提到米迦勒助祂爭戰，可見基督與米迦勒不是同一位。

二、按照正確的希臘文法，見證人的譯本對約一1的翻譯是絕對錯誤的，普世任何希臘文學者皆可證明他們可怕的錯誤。

為了支持他們的異端，除了上列經節外，新世界譯本將一切明確記載耶穌神性的經節都加以似是而非的錯解或註釋。最顯著的幾處如下：

1. 新世界譯本將腓二6譯為：「基督耶穌縱有神的形像，但並不勉強稱自己與神同等。」

2. 約十30：「我與父原為一」，原文簡單清楚，新世界譯本的譯者們無法更改，卻在旁邊加上註解說：「與父為一」乃是「與父相合」的意思。

   新世界譯本之發行，乃是見證人所犯的大罪之一；普世不知多少人上了當，將魔鬼的言語，誤認為神的話，隨著這一個背叛神的團體走上滅亡的路！

3. 耶穌在世時是完全的人，也是完全的神。

   主耶穌時常自稱為人子，表示祂有完全的人格。

   主被稱為神的兒子(約一49，十一27；太十六16)表示祂有完全的神格。

   太一、二章及路二章的記載，證明耶穌藉著聖靈被女子所生，成為一個人；約五18、十33及太廿六63、64等經節，都證明耶穌是神。

4. 主耶穌身體的復活是確切的事實，四卷福音書都有記載。兩千年來多少人反對復活之說，他們的理由可歸納為以下數條：

   a. 復活乃是使徒們欺瞞教會之說法。

   b. 耶穌並未真的死去，不過暫時失去知覺。

   c. 抹大拉的馬利亞所見者乃一異象；在狂喜之下，她以為是見了基督本人。

   d. 門徒所見乃基督靈體。

   e. 耶穌並未復活，不過在人記憶中長存不忘而已。

   不管人類如何背逆愚昧，神的兒子耶穌基督身體復活是駁不倒的事實。我們在神的話語中可找到下列數點證明祂完全地復活：

   a. 主耶穌自己預言身體的復活(太十二38-40；可八

31；路九22；約二19、21)。

b. 空的墳墓

　　埋葬主的墳墓空了，只有兩個可能性：一是因神的大能復活離開了，一是被人偷去。不信的人不相信復活而説是被人取去；但這是不可能，因為若被人偷去，偷的人非敵即友，不相干的人不會作這種事；而墓門口有大石封住，又有兵丁把守。

i. 若是耶穌的友人或門徒來偷，他們定會匆忙地將用布纏裹的耶穌拿走，決沒有時間將細麻布以及裹頭巾慢慢打開，整齊地留下。

ii. 若是耶穌的敵人串通了兵丁將身體偷去，他們必定會以此為證據，來否認使徒們所講耶穌復活的道理。當彼得在耶路撒冷高聲宣講：「你們殺了那生命的主，神卻叫祂從死裡復活了」(徒三15)時，他們可以很容易地駁倒使徒説：「耶穌並未復活，我們在此有祂的身體為證。」但他們並未如此。

c. 門徒們的改變

　　在耶穌被捕、受審、釘十字架、埋葬之時，門徒們都灰心喪膽失去了盼望，但是等到七日的第一日，主復活的事證實以後，他們完全改變了。

d. 初期教會的見證

　　當時使徒們見證的中心乃是一位死而復活的主(徒二32，三15，四10)。事實上，初期教會乃是因著確信主已復活的事實而建立的。

e. 保羅的見證(林前十五；帖前二15，四14)。

f. 四福音的見證——四福音確切記載主復活的事。

g. 今日的證據

　　來十三8：「耶穌基督，昨日、今日、一直到永

遠，是一樣的。」這就是説，在世時的基督與今日的
基督是一樣的；在使徒時代所行的感動與神蹟，今日
照樣能行，並沒有改變。耶穌藉死戰勝了死權，完全
復活了。

耶和華見證人的信仰(三)

一、 見證人的教訓認為聖靈乃是一位一體的神所發出來的影響
　　 與力量。

二、 聖靈沒有位格，也沒有生命。

聖經真道

從舊約開始，三位一體的道理在聖經中逐漸顯明，到了新
約説得更清楚。

遠在創一1、2節就説到「神」與「神的靈」的分別，26節又用
複數的代名詞「我們」來表示真神是一體，卻不只是一位。到了
創六3時，神更親自提到三位一體之另一位——「我的靈」的存
在。而賽四十八16「主耶和華差遣我和祂的靈來」及亞四6「乃是
倚靠我的靈……」等處經文，都證明以上的原則。

到了新約時代，三位一體的教訓就更清楚，最要緊的是主
基督自己的宣告：「父、子、聖靈的名」(太廿八19)，以及保羅的
祝福(林後十三14)。聖經中給我們看見聖靈是有位格的、活著
的、有生命的、有感情的；羅八26説聖靈「用説不出來的歎息替
我們禱告」，弗四30及賽六十三10説我們可以使聖靈「擔憂」，徒
五3更提到人欺哄聖靈的事及其可怕的結果，都在在證明聖靈是
有位格的。此外，聖經更給我們看見：

一、聖靈對人的工作

引導人(約十六13)，教訓人(約十四26)，禁止人(徒十六

7)，勸戒人(尼九30)，差遣人(徒十三2)，規定事務(徒十五28)，作感動責備的工作(約十六8-11)，助人成聖稱義(林前六11)，見證人有兒子的名份(羅八16)等。

二、聖靈對三位一體本身的工作

1. 藉著聖靈，聖子成為肉身(太一18)，以便將父顯示於人(約十四8、9)。

2. 聖靈為子作見證(約十五26，十六14)。

3. 在世與主耶穌同工：

耶穌被聖靈引到曠野(太四1)。

祂(耶穌)卻要用聖靈給你們施洗(可一8)。

聖靈彷彿鴿子降在祂身上(可一10)。

耶穌滿有聖靈的能力(路四41)。

耶和華見證人的信仰(四)

一、 見證人說，罪的結局是死，死的意義是生命被消滅，永遠不復存在。

二、 千禧年時，人的靈魂將要復活，並且享有第二次得救的機會獲得永生。

三、 我們今世並不為自己的罪死，而是為亞當的罪死，聖經豈不是說：「在亞當裡眾人都死了嗎？」各人為自己的罪死乃是在千禧年時。

聖經真道

一、罪的結局是死，但死並不是終了。所謂「死了，死了，死了拉倒(即終結之意)」是不合聖經的。神的話告訴我們：「按著定命，人人都有一死，死後且有審判。」(來九27)啟廿11-15也說：「我又看見一個白色的大寶座……我又看見死了的人，無論大小，都站在寶座前……照他們所行的受審

判……若有人名字沒有記在生命冊上，他就被扔在火湖裡。」見證人對死的瞭解是錯的，生命不能被消滅，永生永死都是永遠，沒有窮盡。

二、人得救與否，決定於他在世時是否相信接受了耶穌基督為救主。啟廿4-6所說的是義人復活，他們是已經得救的人，復活與主同作王一千年，而不是復活後得到第二次得救的機會。

三、人若不相信耶穌，則今世、來世都要為他的原罪(亞當所犯的罪)，以及他自己所犯的罪死。聖經所說「在亞當裡眾人都死了」(林前十五22)，乃是指著「罪是從一人入了世界，死又是從罪來的；於是死就臨到眾人，因為眾人都犯了罪」(羅五12)，但聖經又說，「照樣，在基督裡眾人也都要復活」(林前十五22)。亞當留給我們的罪也可因信被除去；我們真實相信耶穌，今世、來世都不會為自己的罪而死，因為我們的罪，主已經擔當了。

耶和華見證人信仰(五)

一、見證人認為耶穌基督的救贖不能使人得到永生，只能使人有資格參加「千禧年的審判」，而獲第二次的機會得到永生。

二、一個人只能贖一條命，絕不能為全人類贖罪。

三、基督之死是為了救贖亞當。亞當因犯罪而被消滅，基督受死被消滅後，可使亞當復存。

聖經真道

一、耶穌基督的救贖，是今生、來生全備的救贖，使一切相信之人「出死入生」。聖經中找不出所謂「千禧年的審判」的教訓。

1. 祂曾救我們脫離那極大的死亡，現在仍要救我們，並且我們指望祂將來還要救我們。(林後一10)
2. 那聽我話、又信差我來者的，就有永生；不至於定罪，是已經出死入生了。(約五24)
3. 叫一切信祂的，不至滅亡，反得永生。(約三16)

二、耶穌基督是完全的人，也是完全的神。祂是完全無罪的，祂有資格除去世人的罪孽，祂的死是為救贖全人類，不是只為某一個人。施洗約翰為主作見證說：「看哪！神的羔羊，除去世人罪孽的！」(約一29)，使徒約翰作見證說：「祂為我們的罪作了挽回祭，不是單為我們的罪，也是為普天下人的罪。」(約壹二2)。亞當肉體死去了，但不是靈魂消滅，末日仍要復活，並要在神面前得應得的賞賜或懲罰。

耶和華見證人的信仰(六)

一、見證人否認地獄存在，理由如下：
1. 不合理。
2. 違反公義。
3. 違反愛的原則。
4. 完全不合聖經。

二、所謂第二次的死乃是「永遠消滅」的意思。

三、在千禧年中人可得到「第二次考驗」的機會。在此考驗中，人若順服則可得永生，若故意背叛則將永遠消滅。

聖經真道

地獄(就是硫磺火湖)之存在是千真萬確的，神在聖經中已經多次告訴我們了，這是不可輕忽的道理。關於地獄，聖經的描寫是「燒著硫磺的火湖」(啟十九20)；並說：「在那裡，蟲是不死的，火是不滅的。」(可九48)

　　神對人類的一切作為是愛與公義並行，若只有公義沒有愛，則沒有一人能存活，都該因罪而入地獄；若只有愛而沒有公義，則世界成了沒有規矩，賞罰不明，任意妄為的世界，成了溺愛。神將永生永死的路擺在人面前，並且藉著祂的眾僕人和聖經宣告：「信子的人有永生；不信子的人得不著永生，神的震怒常在他身上。」(約三36)所以落入地獄永刑不是神的殘忍，而是人自取滅亡，硬心行走不信之路的結果。神的心意乃是「不願有一人沈淪，乃願人人都悔改」(彼後三9)。無論何人，無論貧富，都可因信得救，得到永生。

第五章
摩門教
(Mormonism)

> 你們……走遍海洋陸地，勾引一個人入教，既入了教，卻使他作地獄之子！(太廿三15)

> 那等人是假使徒，行事詭詐，裝作基督使徒的模樣。(林後十一13)

摩門教又稱末世聖徒教會(Church of The Latter Day Saints)，為美國人施約瑟(Joseph Smith)於1830年所創立。其教義內容複雜混亂，但以基督教為招牌，廣泛竊取猶太教、伊斯蘭教、拜物教等數種異教教義而成的混合宗教。

摩門教最基本的三大信仰

一、多神信仰。

二、認為神的國就是今日藉社會改良而達到的地上樂園。

三、救恩是憑人自己的工作。

摩門教的起源

施約瑟於1805年生於美國懷俄明州貧寒迷信之區。年青時生活懶散，聲言常見異象，後來竟宣稱一位名叫摩龍尼(Moroni)之天使向他顯現，並指示他在紐約州庫摩拉(Cumorah)山藏有金

牌,是用埃及文所寫,於主後五世紀埋藏該處。施約瑟自稱掘得金牌,並稱天使曾將烏陵土明借他使用,在烏陵土明協助之下將金牌翻譯成書,就是《摩門經》。翻譯完畢之後,天使將金牌收回,並帶回天上去。

如此荒謬怪誕的故事,竟有人相信附從,何等可嘆!正如聖經所說:「在後來的時候,必有人離棄真道,聽從那引誘人的邪靈,和鬼魔的道理!」(提前四1)今日他們的從眾稱施約瑟為「先知」,高舉摩門經於聖經之上,這純粹是魔鬼的道理!

魔鬼迷惑人的方法因人而異,對於沒有基督教背景的民族,牠就利用異教(基督教以外的宗教)或人為的主義來迷惑人;對於有基督教背景的民族,牠會假借「基督教」、「教會」和「聖經」等為招牌,暗中宣揚自己的魔道。牠不明明反對聖經,但卻在聖經之外附加經文,另設救恩之道;牠不明明否認神與耶穌的存在,卻用似是而非的道理減低祂們的權威與神性!

摩門教傳教方法

經營商業

摩門教在美國的大本營猶他州擁有龐大的地產及工場、農場,一切經營、買賣、運用皆由教會統管,其巨大盈利充作教會行政、投資、建築、傳教等開支。

建造高大輝煌之教堂

摩門教不惜巨資建造輝煌奪目之龐大教堂,堂中不但有聚會大廳,更有宣揚摩門教義的展覽室、視聽室,其工程浩大,較一些天主教堂有過之而無不及,其最著名的共有十座,其中一座於1956年建於洛杉磯,當時建築費600萬美元,堂高257呎,最頂上站立著「天使」摩龍尼的金像!

每年極多好奇的遊客從美國各州,甚至從鄰國來到這些「教堂」參觀,甚多人受了他們的影響!

登門拜訪

在百折不撓的探訪工作上，摩門教徒的精神有些像耶和華見證人。每一個摩門教青年必須奉獻一至二年的時間從事傳教工作，或在國內，或在國外，有如服兵役一般。在服役期間，教會除負責食住外，其他費用一概自理。

在很多大城市都可以看到兩位衣著整齊的青年，手提小包或騎腳踏車，沿家叩門，自我介紹為末日聖徒教會的「傳教士」，願意與你談一談耶穌基督的福音。對於這些人，不可不慎，這正是主耶穌所說：「……走遍海洋陸地，勾引一個人入教，既入了教，卻使他作地獄之子！」(太廿三15)

摩門教的信仰(一)

一、摩門教認為亞當就是上帝。
二、上帝和人一樣，有血肉之體。上帝是個偉人，好像楊百汗(摩門教主施約瑟的繼承人)一樣。
三、摩門教的牧師就是神的國，違背他就是違背神，牧師就是神自己一部分。

聖經真道

一、創世記一、二、三章記載亞當之被造與犯罪如此清楚，而摩門教竟能倡言亞當就是上帝，而且其千萬會眾也竟如此相信，這真是末世的怪現象！
二、聖經明明告訴我們「祂(神)迥非世人」(撒上十五29)，但摩門教竟稱神與人一樣。聖經又明說「上帝是個靈」(約四24)，摩門教竟稱神有血肉之體，並且將神與他們的二世教主楊百汗(Brigham Young)相比。
三、按照聖經的教訓，神真正的僕人們在地上的確是代表神，

替祂掌權，替祂管理，作祂的特使，並且在靈裡與神合一，成為祂的肢體。但我們並不是神，神是創造者，我們是被造的。

然而，這一切都不適用於摩門教的牧師，因為他們根本沒有重生得救；他們不信真神，他們是真道的敵人。他們若不悔改歸信真神，結果就是永遠沉淪。

摩門教的信仰(二)

一、摩門教認為耶穌是亞當與馬利亞所生。

二、耶穌在迦拿與馬大和馬利亞結了婚，如此，在祂釘在十字架以前，就可應驗聖經的話：「祂必看見後裔。」(賽五十三10)

三、摩門教教主施約瑟乃是耶穌的後代。

聖經真道

摩門教的人若稍微有一點歷史的觀念，也該知道亞當(約於主前四千年)與馬利亞不可能結婚，除非他們真的將亞當看為神，至今仍活著。

為了辯護他們自己的多妻制度，摩門教的主持人倡言迦拿的婚筵是主耶穌和馬大、馬利亞結婚，而且主耶穌也有肉身的後代，其子孫之一就是施約瑟！

耶穌是以客人的身份與母親去參加迦拿婚禮。主耶穌從未結婚；馬大、馬利亞和她們的兄弟拉撒路都是相信主耶穌的，是祂的良友。耶穌既未結婚，當然沒有肉身後代。聖經所說：「祂必看見後裔」原文的意思是「屬靈的子孫」(Spiritual Offspring－Amplified Version)，正如保羅稱提摩太為他的兒子一樣。提摩太是保羅用福音所生的兒子，一切重生得救的人都是耶穌的屬靈子孫。

施約瑟與主耶穌毫無關係，不但在今世無關係，在永世裡也無關。施約瑟是個沉淪的人，他譭謗聖父，譭謗聖子，譭謗聖靈。他擅寫摩門經來代替聖經，他引誘千千萬萬的人走進了永遠滅亡的路！他十十足足作了魔鬼的使者。

摩門教的信仰(三)

一、摩門教認為聖靈是一種永久存在的物質，從太空傳達各處。

二、聖靈是最純潔，是精細的實物。

三、聖靈惟藉摩門教牧師的按手才能傳給任何人。

聖經真道

摩門教竟將聖靈看為物質，看為沒有生命的東西。聖經告訴我們說：「凡說話干犯人子的，還可得赦免；惟獨說話干犯聖靈的，今世來世總不得赦免。」(太十二32)

人若一心隨從異端，行走背逆的路，久而久之，聖靈就不再作感動的工作，這人的結局就是滅亡。

摩門教的人應該恐懼戰兢，趕快悔改認罪，信奉真道。聖善的神本著祂的大愛，仍可饒恕他們。

聖靈是三位一體之神的第三位，是賜生命者，聖靈可藉著神的僕人的按手或講道而降臨在人身上(徒八17，十44，十九6)。但摩門教的「牧師」們卻另當別論；他們不是神的僕人，他們不相信聖靈，不認識聖靈，聖靈不會與他們同工。

摩門教的信仰(四)

一、摩門教認為亞當的犯罪是被迫的，是必須的。亞當若不犯罪，就不能知道善惡，也就不會有肉身的後代，如此就不

能成就神的話——「生養眾多，遍滿地面」。

二、神第一條命令是「生養眾多，遍滿地面」，第二條命令是不許吃善惡樹的果子。亞當為要成全第一條命令而不得不違反第二條禁令吃禁果。

三、亞當並未犯罪，犯罪的乃是夏娃。保羅豈不是對提摩太說：「不是亞當被引誘，乃是女人被引誘，陷在罪裡」嗎？(提前二14)

聖經真道

摩門教要將亞當高舉為神，就要用各種方法先證明他沒罪。這正如天主教要高舉馬利亞為神，就先證明她是「無罪成胎」一樣。

一、亞當犯罪是自願的，是完全不必要的。神成就祂自己的話語絕不需要藉著人的罪行。

二、摩門教不厭其煩地重複「生養眾多，遍滿地面」這句話，以證明其多妻制度之必須性。其實神不需要人「作惡以成善」(羅三8)。

三、聖經說「不是亞當被引誘」，卻沒有說「不是亞當沒有罪」，引誘與犯罪是不同的兩件事。人時常受引誘，但不一定要犯罪；受引誘並不是罪，但若順從引誘違背神就是罪了。這裡的問題不是誰先受引誘，而是誰犯了罪。聖經告訴我們亞當、夏娃都順從了撒旦的引誘，都犯了罪，都受了神的咒詛(創三16-19)。

摩門教的信仰(五)

一、摩門教認為基督之死只是為贖亞當一人之罪。

二、基督之死並不能贖其他人的罪，人們的罪惟有藉著遵守摩門教的聖禮以及個人善行才能去掉。

三、摩門教的洗禮可以洗去人的罪。

四、摩門教信徒可代替已死的親戚受浸。

聖經真道

一、以下經節證明基督之死不僅是為某一個人，而是為了全人類：

1. 神愛世人，甚至將祂的獨生子賜給他們，叫一切信祂的，不至滅亡，反得永生。(約三16)

2. 祂為我們的罪作了挽回祭，不是單為我們的罪，也是為普天下人的罪。(約壹二2)

3. 我若從地上被舉起來，就要吸引萬人來歸我。(約十二32)

二、人類罪惡得到赦免，不是靠著任何教會之聖禮，也不是靠著任何「善行」，乃是靠著主耶穌代死的功勞。

1. 祂兒子耶穌的血也洗淨我們一切的罪。(約壹一7)

2. 我們藉著這愛子的血，得蒙救贖，過犯得以赦免。(弗一7)

3. 藉著祂在十字架上所流的血，成就了和平。(西一20)

三、任何教會的洗禮皆不能洗去人的罪，能洗去人罪的乃是耶穌基督的寶血。洗禮的意義如下：

1. 是相信並接受耶穌為主的一個公開見證。

2. 是一個外面的表示，表示人裡面與耶穌同死、同埋葬、同復活的一個真實經歷(羅六3、4；西二12)。

四、受洗是表示內心的一個真實屬靈的經歷，代替死人受洗禮是完全不合聖經的；摩門教這個說法有點像天主教代替死人購買贖罪票一樣。

摩門教的信仰(六)

一、 一切不屬摩門教的人都要被定罪。

二、 一切接受其他教會牧師所行聖禮(如婚、喪、洗禮等)之人都要下地獄。

三、 所有教會的人,或與其他教會有關係的人都要滅亡,惟有加入摩門教才會得享永福。

聖經真道

聖經說得非常清楚:「按著定命,人人都有一死,死後且有審判。」(來九27)又說:「信他的人,不被定罪;不信的人,罪已經定了。」(約三18)又說:「行善的,復活得生;作惡的,復活定罪。」(約五29)

這裡告訴我們,任何人將來都要復活受審判,但審判的標準並不是按照一個人是否屬於摩門教,而是按照他信了耶穌沒有,他活在主面前的情形與事奉如何。信主的人按審判得賞賜,不信的人按審判進入永刑。

摩門教的信仰(七)

一、 摩門教主張一夫多妻制度。

二、 他們認為夫妻的關係不是以肉身之死為終,而是永恆性的。摩門教的男子在來世進入榮耀之後,他的妻子們也要按先後次序進入榮耀;他若被封為王管理某一世界,他的妻子們皆成為妃。

三、 摩門教主張一夫多妻制的理由是:

1. 人應該多娶妻,以完成神的吩咐:「生養眾多,遍滿地面」。

2. 女人需依靠男人才能得救,所以男人應該「憐憫」女人,多多收納他們為妻。

3. 楊百汗親口說：「耶穌是個多妻主義者，拉撒路的姊妹馬大、馬利亞，以及抹大拉的馬利亞都是他的妻子。迦拿的筵席，乃是耶穌自己諸多婚事之一。」

4. 大衛因著多妻制度生了所羅門，所羅門因著多妻制度，他的後代生了耶穌。

聖經真道

一、摩門教的領袖們為了達到他們自己的私慾而倡導多妻制度；施約瑟共有妻子48人，楊百汗也有25個。

太十九4、5裡，主耶穌說：「那起初造人的，是造男造女(原文都是單數)……二人成為一體。」從起初神就規定了一夫一妻制，神給亞當造了一個夏娃，並沒有造幾個或幾十個。

二、摩門教說「夫妻的關係是永恆的」，完全不符合聖經，太廿二30說：「當復活的時候，人也不娶也不嫁，乃像天上的使者一樣。」

我們只在今世有男女之別，在永世裡人人都是一樣，一切聖徒不論生前為男為女，屆時都是羔羊的新婦、羔羊的妻。

保羅說：「我們成了一台戲，給世人和天使觀看。」(林前四9)一點不錯，其實全人類的歷史也是一台戲，一位主內弟兄曾將世人比擬「紹興戲」，倒也恰當。紹興戲的演員都是女人，沒有男人；在前台演戲時，男女角色都出現，但到了後台又都是女人。摩門教認為在天上人仍舊保持夫婦關係是完全錯誤的說法，聖經裡找不出這種教訓。

三、摩門教的見解錯誤，如：

1. 神要人「生養眾多，遍滿地面」是要人替祂掌權，作祂代表，管理全地，並不是要人藉此為由施行多妻。

2. 摩門教的女子從小被訓練相信男人是女人的救主，女人需要藉男人的名字才能得救；該會的領袖們用此方法達到多妻與統治的目的。但聖經告訴我們：「除衪(耶穌基督)以外，別無拯救；因為在天下人間，沒有賜下別的名，我們可以靠著得救。」(徒四12)

3. 楊百汗所譭謗主耶穌的一切話是不值一辯的(請閱前文)。

4. 多妻制度雖在舊約裡出現，但從未受神喜悅。亞伯拉罕與撒拉的婚姻可算美滿相愛，但因亞伯拉罕收了夏甲為妾，以至後來他充滿憂愁煩惱(創二十一11)。雅各娶了一個以上的妻子，結果他的家庭充滿苦味，女兒被辱，小兒被賣，他自己最後承認說：「我生平的年日又少，又苦！」(創四十七9)大衛多妻，結果他的兒子們自相殘殺(撒下十三)，他所寶貴的兒子押沙龍叛變身死。所羅門縱有極大智慧，但年老時隨從外邦妻妾，得罪神，以致國土分裂，從未復元(王上十一12)。舊約裡雖有多妻的事實，但不能認為神准許多妻，正如不能因為有罪的存在而認為神准許犯罪一樣。多妻的人都受到應得的報應與苦難。

　　所以，我們認為摩門教的多妻制度不單是罪惡的，是冒犯神的，而且是假冒為善的。他們以「宗教信仰」為理由，達到文明社會與神的真理所不允許的放縱情慾的機會，並美其名為「憐恤」女性。摩門教的多妻制在十九世紀達到最高峰，於1852年在猶他州公開宣佈施行多妻社會，直至本世紀初，在政府強大壓力下才停止。

　　他們表面上雖然停止，但內心無時不在盼望恢復這種制度；你若將這問題追問一位摩門「宣教士」，他最後會回答你說：「我們相信多妻制度是對的，但目前我

們不如此行。」

摩門教的信仰(八)

摩門教除認為亞當是神之外，並相信有極多神存在：

一、 在地上的一夫多妻家庭將來在天上仍是一樣，並且繼續生
養靈兒靈女，這些靈兒靈女都在等候機會來到世界上獲得
肉身！

二、 兒女越多，福份到達頂點時，男人即變為神！

三、 天上一切的神，以前都曾一度在地上為男人。

聖經真道

聖經從始至終宣告一位獨一無二，三位一體的真神！聖經
說：「神只有一位，再也沒有別的神。」(林前八4)

摩門教的信仰(九)

一、 摩門教認為下列三本書與聖經有同樣權威與價值：

　　1.《摩門經》(The Book of Mormon)

　　2.《信條與約》(Doctrines and Covenants)

　　3.《高價真珠》(Pearl of Great Price)

二、 施約瑟曾宣佈：「摩門教的牧師被聖靈感動的話，就是神的
話，就是聖經，就可使人得到救恩。」

聖經真道

一、這是撒旦的一貫技倆，牠使某些人不完全否認聖經，但卻
在聖經之外附加旁經，另設救恩之路，使聖經成為「諸經之
一」，成為「真理的一部份」，如此，牠的目的就已經達到
了！

施約瑟自稱藉烏陵土明之助，將發掘之金牌從埃及文譯為英文。他雖聲稱金牌係主後420年埋入土中者，但其譯文竟包括極多英文欽定譯本(主後1611年翻譯者)的辭句！他雖盡力模仿聖經語氣，但摩門經不單內容荒謬矛盾，甚至修辭、文法也是錯誤百出。

二、這一條與天主教的教皇無誤論相仿，是完全不合乎聖經的，是冒犯神的，高舉人到神的地位。

神警告我們說：「一切的靈，你們不可都信，總要試驗那些靈是出於神的不是，因為世上有許多假先知已經出來了。」(約壹四1)

我們根據神的話語，知道摩門教的信仰與教條是出於邪靈的，是鬼魔的道理，是一切持守真道的信徒所應該抵擋的(加一7-9)。

(編按：近年來，摩門教內部某些知識分子質疑《摩門經》之真實性。2004年11月，數位基督教領袖包括美國福樂神學院院長Dr. Richard Mauw、美籍印裔著名佈道家Dr. Ravi Zakarias等，被邀在美國猶他州鹽湖城摩門教總部大禮堂證道，約7,000摩門教徒赴會。但摩門教會對教義信仰方面尚無任何聲明或改變。請大家繼續為摩門教會、領袖及信徒們代禱。)

第六章
基督科學會
(Christian Science)

> 因他們不領受愛真理的心,使他們得救。故此,神就給他們一個生發錯誤的心,叫他們信從虛謊,使一切不信真理,倒喜愛不義的人,都被定罪。(帖後二10、11)

創始與傳播

基督科學會的一切論說,既不合乎科學,也不合乎基督的教訓。

該會始創人艾馬利(Mary Baker Eddy)於1821年生於美國東北之新罕布夏州,自幼神經不正常,時患癲癇病,共結婚三次。曾從一位鐘錶匠學習「玄學」,後於1875年出版《科學與健康及解經之鑰》一書,並於1881年在波士頓城設立玄學學院,公然招收弟子。

百年來,該會現今在世界各處約有3,000餘會堂,40萬從眾,並有印刷廠印製書刊報章,其中以《基督科學箴言報》(Christian Science Monitor)銷路最廣。該會普遍在各大都市重要街道、公共場所、汽車站、圖書館等處設立閱覽室,藉以傳播其教義。

教義方面

基督科學會不夠資格成為一個宗教。根據該會信仰,人類

根本無罪，也不會犯罪，沒有審判，沒有地獄，因此沒有救贖的必要。

艾馬利女士自己雖然在1910年12月3日死亡，但一生否認物質、疾病與死亡之存在。

你若問該會的從眾，世人疾病、饑餓、死亡的事實作何解釋，他們會對你說：「這乃是人類必朽思想的表現，事實上這些都不存在。」

他們說：「人類被『必朽的頭腦』所統治，例如：我雖然從未真餓，但若我『必朽的頭腦』使我感覺饑餓，那我就情願吃飯以享受『飽肚』的幻覺，而不情願不吃飯而受『餓肚』的幻覺之苦。」艾馬利倡言其從神「直接啟示」而來的「基督科學術」能治病，但事實上他們對病人並無任何的醫療，而僅是用各種理論使病人相信他的疾病並不存在，一切的病徵與疼痛，不過是「必朽的錯覺」與「幻象」而已！

每一個異端團體都要在聖經以外另設權威性書籍為其信仰的根基，耶和華見證人高舉羅素的寫作與聖經相等，同樣，基督科學會高舉艾馬利的寫作與聖經相等。依照艾馬利生前的指示，該會一切聚會不得有任何講道，聚會時只應宣讀艾馬利的著作、聖經、唱詩、禱告而已。

基督科學會的信仰(一)

一、上帝是一切。

二、上帝是沒有位格的，是一個神聖的「原則」。

三、三位一體的說法是不可信的，是迷信。

四、上帝是一個無窮的「意念」。

聖經真道

一、在這一點，該會摻雜了印度教的教訓及泛神論(Pantheism)的

學說:「神是一切,所以一切都是神」。如此,樹是神,山是神,人是神,凡物皆神。

但聖經並非如此說。聖經告訴我們神創造了萬有,就證明神本身不是萬有。神是創造者,萬有是受造者;神創造了樹,但神並不是樹,樹也不是神;神創造了人,但神不是人,人也不是神。聖經說神是那「充滿萬有者」(弗一23),不是說神「就是」萬有;充滿者與被充滿者是兩件事。在約翰十七21裡主耶穌對父神說:「正如你父在我裡面,我在你裡面,使他們也在我們裡面……」有極其深奧的意思,雖然是互相在裡面,其中的我、他們、我們,仍然分得清清楚楚。

基督科學會的「神是一切」的信仰將神降低為人、為物,為一個抽象名詞。

基督科學會的「一切是神」的信仰,將人,將物高舉為神;聖經告訴我們,神顧念世人,但神迥非世人。

其他各點請閱本手冊第一章「我們所信的真道」。

基督科學會的信仰(二)

一、耶穌與基督是兩件事:耶穌是一個人,基督是上帝心中的一個意念;這個意念(基督)乃是要成為這個人(耶穌)的神聖「原則」。

二、耶穌基督不是神,祂是一個「神聖的理想」。

三、耶穌基督在墳墓中並未真正死去,祂的復活乃是祂思想的開朗與靈化。

聖經真道

耶穌名字的意思是「神是救恩」,在希臘文是耶穌,在希伯來文是約書亞。簡單的說:耶穌就是拯救的意思,所以報信的

天使對約瑟説:「你要給祂起名叫耶穌,因祂要將自己的百姓從罪惡裡救出來。」而希臘文的「基督」一字,即等於希伯來文的「彌賽亞」,彌賽亞的意思是受膏者,是君王的意思。

耶穌基督是神的兒子,是神賜給人類的救恩,是人類的救主,是人類的君王。耶穌就是基督,基督就是耶穌,這正是使徒所傳福音的重心:

一、我所傳與你們的這位耶穌就是基督。(徒十七3)

二、保羅為道迫切,向猶太人證明耶穌是基督。(徒十八5)

三、在眾人面前極有能力駁倒猶太人,引聖經證明耶穌是基督。(徒十八28)

多少異端想將耶穌與基督分開,有的否認祂的神性,有的否認祂的人性。但根據聖經,我們知道耶穌基督是完全的人,也是完全的神,是神成了肉身來到人間。聖經嚴肅地聲明説:「凡信耶穌是基督的,都是從神而生。」(約壹五1)反過來説,凡不信耶穌是基督的,都不是從神而生。這是一切不信真道的人所該注意的。

耶穌基督的復活是事實,請閱前第四章「耶和華見證人」文中有關復活的事。

基督科學會的信仰(三)

一、艾馬利認為約十四16所説的「保惠師」就是所謂「神聖的科學」。

二、這「科學」將引導人明白一切的真理。

聖經真道

聖經明白告訴我們保惠師就是真理的聖靈(約十四16、17),是三位一體真神的第三位(太廿八19)。基督科學會用「神聖科學」等名詞混亂神的真道,願他們早日悔改,逃避毀謗聖靈的罪。

基督科學會的信仰(四)

一、 人不會犯罪。

二、 罪根本不存在，所謂罪，不過是「必朽人類錯覺」所生的幻象。

三、 除罪的方法乃是領悟罪的不存在。

聖經真道

看大衛的一生，讀他的詩篇，再看我們自己的一生以及聖經中記載罪的地方，就會知道：人不但會犯罪，而且極盡犯罪之能事；不但壞，而且是壞透了。聖經說：「人心比萬物都詭詐，壞到極處，誰能識透呢！」(耶十七9)今日的世界觸目皆罪，世人是在罪惡中生活而不自覺！

罪不但存在，而且會抓住我們，拖我們下地獄去，除非我們向主耶穌悔改認罪，離棄罪惡。

基督科學會的信仰(五)

一、 耶穌基督的血，無論是流在十字架上，或繼續在祂的血管裡循環，對我們的罪毫無關係。

二、 一次的犧牲，不論如何大，絕不能為人類償清罪債。

三、 釘十字架的主要意義，只是表徵神對人類的慈愛。

四、 最後的救贖，不是靠著他人的代替，萬物是靠自己的工作與犧牲。

五、 上帝用「意念」創造萬物，上帝的意念既是完善而永恆，祂所創造的人與物也是完善而永恆，如此，何需「重生」呢？

聖經真道

一、耶穌基督的寶血若與我們無關的話，我們就都是沉淪的人

了。聖經說:「耶穌的血也洗淨我們一切的罪。」(約壹一7)
又說:「我們藉著這愛子的血,得蒙救贖,過犯得以赦
免。」(弗一7)並說:「若不流血,罪就不得赦免了。」(來九
22)

二、耶穌基督藉著一次的釘死,成就人類永遠的救贖。聖經
說:「但現在基督已經來到……並且不用牛羊的血,乃用自
己的血,只一次進入聖所,成了永遠贖罪的事。」(來九11)

三、釘十字架是表徵神對人的愛(羅五7、8),但同時更是神拯救
世人以及使人類罪得赦免的唯一方法。

四、人類得救必須靠主耶穌代死之功,靠自己力量或工作永不
可能得救,聖經說:「除祂以外,別無拯救;因為在天下人
間,沒有賜下別的名,我們可以靠著得救。」(徒四12)

五、神的一切都是完全的,神的創造也是完全的,但因為人接
受魔鬼引誘犯罪違背神,人就墮落了。人犯罪被咒詛也牽
連了地(創三),不但牽連了地也牽連了一切受造之物,羅八
22說:「我們知道一切受造之物,一同歎息勞苦,直到如
今。」

　　到了千禧年時,這些情形都要復原,那時「豺狼必與綿
羊羔同居……斷奶的嬰兒必按手在毒蛇的穴上。在我聖山
的遍處,這一切都不傷人,不害物……」(賽十一6、8、9)。

基督科學會的信仰(六)

一、人類沒有最終的審判。
二、所謂地獄之火乃是「必朽人類錯覺」的幻想。

聖經真道

一、無可否認,世上有極多的人希望人類沒有最後審判,如此
人類更可為所欲為,任意而行,但聖經告訴我們:「人人都

有一死，死後且有審判。」(來九27)

二、地獄之火不是幻想而是千真萬確的事實。主耶穌論到地獄說：「在那裡，蟲是不死的，火是不滅的。」(可九48)聖經又形容地獄為燒著的硫磺火湖(啟廿一8)。

第七章
基督復臨安息日會
(Seventh Day Adventist)

起源

　　1831年，美國紐約州一位浸信會牧師米維廉(William Miller)宣佈，根據其對聖經預言研究結果，基督將於1843年降臨世界。到了那一年，基督並未降臨，米氏又宣佈次年10月22日必定降臨，屆時又未發生。米氏遂坦然承認錯誤，並與該運動脫離了關係。但該運動其他從眾，不願效法米氏知過而改的態度，其中尤以懷艾倫太太(Ellen G. White)聲稱見了異象，知道基督確曾於該年日降臨，不過並非臨到「地上的聖所」，眾人隨之，安息日會遂告產生。

　　安息日會成立以後，立即與其他基督教會隔離；一方面宣傳自己的「特別真理」(如守安息日、天上聖所、調查性的審判及預言之靈等)，一方面把所有反對他們教訓的人定罪，稱他們為「巴比倫」，為接受「獸印記的人」(啟十三16-18)。

發展

　　安息日會成立迄今不過百餘年，但在全球擁有超過150萬的會眾，牧師1萬，印刷廠40餘所，印行400種刊物，每年出版60種新書，他們在普世的福音廣播課程擁有學生300萬餘名！

　　安息日會的教友勵行什一奉獻制度，是基督教各宗派中平均捐獻最高的。

該會主張與世界分別的生活，禁止飲酒、吸煙、屬世娛樂，並戒數種食物；這些教條對某些群眾具有吸引性，也是該會發展迅速，會眾努力的原因之一。

安息日會雖然相信三位一體的真神，熱心慈善事業(尤其是醫院及學校)，但對救恩、律法及聖經真理，有諸多錯誤之處，茲分述如下：

基督復臨安息日會的信仰(一)

守安息日(星期六)

安息日會認為今日一切基督徒皆應守安息日(星期六)，是為服權柄的記號，守安息日也可有助於得救。

聖經真道

在聖經的記載中，自從基督復活以後，從未有任何地方說到應該守安息日的字句；羅馬書十四章更清楚說明信徒不可以因守特殊節日或禁戒飲食而互相論斷。該會的人竟以守安息日為教條，規定其信眾必須遵守。

保羅說：「人在自己以為可行的事上能不自責，就有福了。」(羅十四22)歌羅西書二章裡，保羅吩咐歌羅西的教會不要受飲食、節期、日朔和安息日的轄制，因為這些事都是「後事的影兒」，「那形體卻是基督」；但是安息日會卻拿影兒作實體(基督)。安息日預表基督給我們的安息，舊約時代的人在安息日得到安息，新約時代主耶穌自己來了，祂就是我們的安息，祂說：「凡勞苦擔重擔的人可以到我這裡來，我就使你們得安息。」(太十一28)安息日會的人捨去這真正的安息，繼續抓住那舊的影兒，正如很多猶太人今日不信真彌賽亞救主耶穌基督，卻仍舊一年一次殺雞贖罪一樣。

保羅對加拉太教會說的話是安息日會的人所應該注意的：「現在你們既然認識神，更可說是被神所認識的，怎麼還要歸回那懦弱無用的小學，情願再給他作奴隸呢？你們謹守日子、月份、期節、年份。我為你們害怕，惟恐我在你們身上是枉費了工夫！」(加四9-11)

保羅稱呼加拉太人為「願意在律法以下的人」，並將他們比作夏甲之子，乃是屬血氣生的，是屬乎律法的，代表西乃山，結果要被丟掉；信徒應該是以撒的地位，是憑應許生的，有兒子的名份，是自主的，代表天上的耶路撒冷，要永遠承受屬天的產業。(加四21-31)

保羅繼續勸勉加拉太人說：「基督釋放了我們，叫我們得以自由。所以要站立得穩，不要再被奴僕的軛挾制……你們這要靠律法稱義的，是與基督隔絕，從恩典中墜落了……原來在基督耶穌裡，受割禮不受割禮，全無功效，惟獨使人生發仁愛的信心，才有功效。」(加五1-6)

這幾處經文已經說得清楚了，安息日會在真理方面開倒車，主已經藉自己流血的功勞將我們放在恩典中，但安息日會卻偏要抓住一部份律法不放，仍然要靠守律法得永生。這是一種半新不舊，介乎猶太教與基督教之間的信仰，但兩方面都不徹底。

安息日會的人若認為應該守律法，就應該守得徹底，他們的男人都該受割禮，按摩西的律法獻祭，每年三次去耶路撒冷守猶太人的節期。反之，他們若真實相信耶穌，相信祂的受死，埋葬與復活，就該棄絕這些律法儀文的事，在基督裡成為新造的人，在恩典中與神同行，服事祂。他們目前的情形，正是主耶穌責備文士與法利賽人的話「新酒裝在舊皮袋裡」。

基督復臨安息日會的信仰(二)

天上聖所

安息日會認為，基督在1844年進入祂天上職務的第二階段，從「天上聖所」的第一部分進入了第二部分。

聖經真道

安息日會這樣的說法，可以掩飾他們預言1844年基督降臨之錯誤。來九12清楚告訴我們：「基督只一次進入聖所，成了永久贖罪的事」。在原文「進入」二字是過去式，表示在希伯來書寫成時(主後70年聖城被毀之前)，基督已經一次而完全的進入聖所，進入了那「更大更全備的帳幕」(來九11)，成就了人類永遠救贖的事。第24節說得更清楚：「基督並不是進了人手所造的聖所(這不過是真聖所的影像)，乃是進了天堂，如今為我們顯在神面前」。這裡給我們看見，希伯來書九章所說天上的聖所就是指著天堂，指神所在的地方。主耶穌釘死十字架時，聖所與至聖所中間的幔子已經裂開了，藉著主的死，聖所已經連合為一了，一條「又新又活的路」已經建立了，我們藉著主可以直接來到神的面前，天上的聖所是神的同在，再沒有中間的間隔，沒有所謂第一部分、第二部分之說，基督更不可能等候一千八百多年以後才進入聖所。

基督復臨安息日會的信仰(三)

調查性的審判

安息日會認為今天在天上正進行著一種審判，審閱每一個信徒是否配得永生。

聖經真道

約五24告訴我們，信主的人「就有永生，不至於定罪，是已經出死入生了」，因為基督已經為我們的罪受了完全的審判(西二13、14)，我們不必再為永生永死的問題受審判，這是我們信主之人有福的確據。我們將來要被提在空中與主相遇，在羔羊的婚筵時受審判；但這個審判不是永生永死的審判，而是按著我們所行的得賞賜的審判。

基督復臨安息日會的信仰(四)
永刑

安息日會認為人死後不是永遠有知覺(Conditional Immorality)，人的靈魂乃是進入一種安眠狀態，他們認為一個永遠有知覺的刑罰是不公平的，所以惡人死後就被消滅，化歸烏有。

聖經真道

太廿五41說得非常清楚，地獄的刑罰是永久的，若是惡人死後沒有審判，沒有刑罰，一死了事，那麼，太便宜為惡之人了。從財主和拉撒路死後的情形(路十六)，我們可以知道人的來生是有知覺的。

安息日會勉強引用多處經文來確定基督復臨的時日，基本上是違背神旨意的事。對於這一個大日，神定意不給人預先知道，「但那日子，那時辰，沒有人知道」(太廿四36)，以使人自行警戒；但安息日會的人偏偏去「校對」、「計算」、替神定規日期，神已經一再使他們看見自己的錯誤，他們不但不肯承認，反而強解聖經，自圓其說。

第八章
新正統派
(Neo-Orthodoxy)

> 因為時候要到，人必厭煩純正的道理，耳朵發癢，就隨從自己的情慾，增添好些師傅。並且掩耳不聽真道，偏向荒渺的言語。(提後四3、4)

遠因

主後十四世紀到十六世紀時，人類歷史中發生了一個大覺醒，這一個覺醒分為兩方面，一方面是關乎信仰(心靈)的，一方面是關乎理智(頭腦)的；信仰方面產生了宗教改革(Reformation)，理智方面產生了文藝復興(Renaissance)。這兩個運動雖然在形式上有相似之處(宗教改革是要恢復正確信仰，良心自由；文藝復興是要恢復古典文化，思想自由)，但其出發點及目的卻完全不同。

宗教改革是以神為本位，文藝復興是以人為本位；前者以聖經為根據，後者以文化為依歸；前者產生了普世福音運動，後者產生了近代的人文主義(Humanism)；前者的中心是神，後者的中心是人；前者注重信心，後者注重理智。

信心是強調神的能力和神能作甚麼，理智是強調人的能力和人能作甚麼。信心高舉神，理智高舉自我；信心讓神居首，理智要人自己作頭。這就是自古以來神與人之間的問題中心——到底誰是主人，誰有主權，誰該居首位，誰應作中心？

神創造了萬有，祂是世界的主人翁，宇宙歸祂掌管，祂應被尊為至上，祂該是全人類的中心。

但是因著人與生俱來的驕傲與「自我」(在靈性的進深上，「我」是最大的難題、最大的攔阻與最大的障礙)，人處處願意向神獨立，不願服在神主權之下。亞當、夏娃犯罪墮落就是因為他們要「自己作主」而違背了神的吩咐。這也是基督教歷代所發生之異端邪說的根源；人類不願接受「代贖性」的救法，因為接受這一個救法，個人需要謙卑，需要低頭；人類情願自己製造一個不需向任何人或神低頭的「自救性」辦法，一方面安慰自己的良心，同時又可滿足個人的驕傲(請參閱本書序言)。

我們不否認人類該有適當的尊嚴(或說自尊心)，保羅曾囑咐提摩太不可被人「小看」，這是人類應有的態度——自重。但在這點上要非常小心，不可縱容或嬌養這個自尊，不可向神自尊。世界上多少人不肯謙卑悔改接受耶穌，是因認為有失自尊；甚至很多信主的人，不肯開口傳福音，不願在人面前公開承認主，因覺得有損尊嚴。適當的自尊是人人應該有的，但若過了界線，我們的「尊嚴」就成了反叛——高舉自己的「尊嚴」於神之上了！

人類頭腦的開明，理性的覺醒本是好的，但可惜的是當頭腦知識增加時，驕傲與過份的自尊也同時增長。抵擋神、向神獨立也一齊加多，這就是文藝復興在這方面所帶來的後果。人愈來愈多依靠自己的頭腦，高舉自己，而漸漸懷疑，甚至否認神的存在。於是人文主義之陰影，慢慢地籠罩了宗教改革所帶來的正統神學，而理智也就開始勝過了信心。這就是近代神學敗壞之開始，也即是新神學派、新正統派，以及最近的新新神學派(Neo-Liberalism)之遠因。

近因

人文主義(Humanism)侵襲正統神學思想之結果，動搖了聖經的權威。人崇拜知識，崇拜一己之能力，而漸漸對神的態度不再是相信而是懷疑，漸漸導致新神學之產生。士來馬赫(Schleiermacher，1768-1834，人稱新神學之父)首先倡導主觀見解，一切事物不能專以一個客觀的標準——聖經為根據，而要以一己之主觀感覺，一己之判斷為主。

士來馬赫死後不久，達爾文(Darwin)發表了他的進化論。世界上錯誤的學說原本不少，但多半與信仰無太密切關係。進化論之所以特別重要，乃是因為它與人文主義前呼後應地摧毀了聖經在人心中的權威，敗壞了人的信仰。甚至十九世紀興起的聖經批判學說也是多少受了達爾文思想之影響而產生的。

新神學派興起的結果，一方面高舉了人的能力，一方面貶低了聖經的價值，他們對人類有無上信心，認為藉著教育、文化及科學之進展，人自己可以改進而臻完善，如此可建設地上樂園。

但是第一次世界大戰的殘酷事實，震醒了多少新派人士的迷夢，人間樂園的幻想好像是愈來愈無望。迨二次大戰發生，其悲劇禍害尤遠甚於前者，整個世界捲入戰爭凶殺之漩渦。如此，迫使這些新派人士不得不脫掉他們的樂觀眼鏡，而實際地正視人類罪惡的本性。人類自己無法建造樂園，於是他們中間不少對人類的信心開始動搖，對人類失望，他們開始在人類之外尋求權威，尋求出路。

就在此時(人們不能滿足於空洞的新神學，同時，聖經批判學說造成了人的靈性饑荒)，瑞士神學家巴特(Karl Barth)的思想遂應時而起，當時發表了他所著的《羅馬書釋義》。巴特極力批判所謂主觀神學，他提倡神的絕對主權，攻擊自文藝復興以來，士來馬赫、達爾文、人文主義及新神學的諸般錯誤，在當

時黑暗沉悶的空氣中，巴特的思想好像一聲霹靂，震動了多少新派的人。從表面看來，巴特是在呼喚人們歸回於正統神學，所以人們稱之為新正統派。

巴特(Carl Barth)

巴特於1886年5月10日生於瑞士的巴塞爾城(Basel)，其父為該城大學之講師。巴特本人在數處大學攻讀，其教授包括哈勒克(Harnack Adolf von)及赫爾曼(Wilhelm Hermann)(二人皆為聖經批判之創始人)。1935年巴特在德國工作時，因不滿希特勒之暴政而被逐出境，返回瑞士。後來，他除在巴塞爾城大學任教授外，也開始寫他的長篇大作——《教會系統神學》(Church Dogmatics)。

新正統神學以巴特為始，被巴特發揚光大，至今仍以巴特為其主要權威，故又稱為巴特神學(Barthianism)。

新正統派神學的異端

從外表看來，新正統派好像是在宣揚真道，引領新派的人歸回真神，但仔細觀察一下，並不如此。新正統派雖然引證聖經，並且使用正統神學所常用的名詞，如十字架、悔改、信心、神的道等等，但他們卻對很多名詞有新的解釋。巴特本人所受的是新派神學訓練，他雖察覺新神學的種種漏洞，而有反回正統派的傾向，但他所作的並不徹底，他一方面接近了正統神學，但另一方面又不放鬆新神學的種種基本觀念，他企圖返回正統信仰，又不願捨棄一個新派學者的模樣，飄盪於二者之間，雙方都不徹底。

新正統派的思想非常微妙，他們用聖經的名詞而予以新的解釋，使很多信徒一時不能察覺其偽，甚至很多信仰純正的神學生初聽時也不能分辨其虛，直到後來被這種思想灌輸日深，

欲脫而不能自拔了。

關於聖經

新正統派最大、最基本的錯誤，就是他們對於聖經的看法。

新正統派採納新派神學的聖經批判法(以人的理智與研究來判斷聖經何處可信，何處不可信)，所以他們在基本態度上是與新派同出一轍的。

他們最使人受迷惑之點，就是關於「道」(Word)這個字。「道」，在原文是Logos，意思是「話」。為使中國信徒易於了解，所以聖經裡有些地方將之譯為「道」。

信仰純正的人都知道，神的道向人類顯明，一方面是藉著成了肉身的道——耶穌基督，另一面是寫出來的道——聖經。我們相信耶穌基督是神的道，完全代表神，對我們有絕對的權柄，我們也相信全部聖經是神的話(道)，完全代表神，是我們絕對的權威。

但是新正統派只承認這真理的一半，他們僅僅相信耶穌是神的道，而聖經不過是為神的道作見證，聖經的本身不完全是神的話。

他們說聖經裡面「包藏」神的話，但任何一處經文必須先對我們發生了作用，然後，這一處經文才能算為神的話。在這裡，巴特神學顯然仍未能脫離新派的主觀思想態度。聖經的正確性，不以一個客觀的權威為準，而以個人感覺與理智判斷為據。

他們認為聖經既不過是一個出自人手為基督作見證的工具，其中當然有錯誤及不正確之處。他們說，聖經雖然不一定都是神所默示的，但聖經仍可為道作見證；聖經好像一個箭頭式的標記，將我們指向神的道——耶穌基督。他們認為聖經中

凡記載耶穌的章節是較多受神啟示而寫的，因此也就較聖經其他部分為可靠。

如此，新正統派可以一方面在外表上宣講正統福音的道理與名詞，一方面卻仍可接受新派對聖經之批評。巴特神學說，亞當、夏娃並無其人，伊甸園也無其地；然後又加上解釋，說其人其地之有無沒大關係，要緊的是從這裡面得到重要的教訓。

從教會歷史裡，我們可以看見異端分為數種，一種是完全不是真理，一種是「半真理」或「部分真理」。新正統派乃是屬於後者，他們一方面相信耶穌是神的道，另外一方面卻相信聖經不都是神的話，然後再將「道」與「話」兩個名詞混用，使讀者不明真相。

在此，新正統派的人常常處於一種兩面作難的情形；他們若承認聖經全部是神的話，就要完全接納正統神學，而放棄他們目前所推崇的聖經批判法。反之，若不公開完全承認聖經是神的話，則只有兩條路可走；被迫返回新派的主觀思想(憑自己，不憑聖經)去，或者走上神秘派(Mysticism，憑個人心中由神直接而來的啟示)的路。

關於救恩

新正統派對於罪與救恩，就如對其他信條一樣，沒有清楚的解釋與交待。

他們說：「人是萬物之靈，在動物中為最高的，可以了解靈的事。但人類本身有諸多問題，不是教育、心理或科學所能解決的。這些基本的難題就是罪，罪的最終定義就是人類以自己為中心而不是以神為中心。」

這是一個極其含糊的定義。這定義並不是從研究聖經而得的結果，乃是受到十九世紀丹麥哲學家祈克果(Kierkegaard)憂鬱人生觀之影響而來。巴特神學雖然也多方引證經文，但他們並

不以聖經為絕對權威。

他們認為人類的處境毫無指望,是站在地獄的邊緣,人類因罪孽深重甚至不知自己有罪。救恩必須從神開始;第一,人要感覺絕望,由絕望而生出憂傷痛悔,藉著憂傷痛悔與絕望而產生了「信心跳越」(Leap of Faith),在信心裡面得到新生命與能力。救恩乃是自己的破碎,此破碎是由一個或數個大危機(Crisis)而產生的。所以巴特神學又稱為危機神學(Theology of Crisis)。

他們認為耶穌基督在十字架上最大的功勞與作用乃是「顯示」神擔負人的罪,但他們並不注重主在十字架流血的事實。這裡,我們再次看見新正統派的「半真理」出現;他們注重主的十字架,卻不注重主的寶血;但聖經明明告訴我們,寶血是洗罪的必要條件。

關於三位一體的神

新正統派認為人類無需證明神之存在,神自始至終已經存在著。他們注重神與人之「迴別性」(Wholly Other)。

他們相信神藉著基督將自己顯示給人類,將自己打進人的生活範圍裡來。他們並不重視耶穌一生的事蹟(認為聖經的記載不一定可靠),而只著重祂的十字架。十字架代表一切人類的厄運,也象徵一切人類的希望。

新正統派對於聖靈沒有多少解釋,不承認聖靈有位格,是三位一體之神的第三位,而認為聖靈不過是神的一種工作現象而已。

由此我們可以看出來,新正統派乃是以新派神學為內容,而用正統神學作外表的「半真理」。

巴特神學既然如此微妙難測,一般信徒在讀神學書籍或聚會聽道時怎樣才能分辨真偽,免受其害呢?以下是幾個試驗的好方法:

一、注意該講員或作者是否承認創世記首數章的記載為歷史事實(新正統派不信亞當確實有其人,而注重故事給我們的教訓)。

二、注意他是否承認聖經為神的話,抑或聖經僅僅為道作見證。

三、注意他是否講論聖經裡有不合科學的地方(新正統派人說聖經雖然有錯,但不影響其中所包涵之教訓。例如他們不絕對相信耶穌身體的復活,但他們說,耶穌身體復活與否無關重要,並不影響祂復活的教訓)。

新正統派其他主要人物

卜仁納(Emil Brunner)瑞士人,較巴特小三歲,認為神藉自然界與超自然界將自己顯示給人(巴特只注重超自然的顯示)。

尼布爾(Reinhold Niebuhr)美國人,較巴特小六歲,強調新正統派之社會福音工作。

因著新正統派之領導學術地位,以及他們豐富的想像力,這一派神學思想在過去數十年間傳播甚廣,特別是在上層社會及知識階級裡,札根很深。有些神學院變成了新正統派,多少昔日傳揚純正福音的講臺,成了巴特神學的傳聲筒,我們不可不慎。

末了,巴特神學在諸多要點上沒有交待,不能算為一個完整的神學體系,更不該稱為新正統派,因為他不是正統。按他們的實際情形,應該稱為假正統派(Pseudo-Orthodoxy)。

第九章
新紀元運動
(The New Age Movement)

從80年代起，新紀元運動已經引起多人注意。其實此運動之含義及虛謊，從伊甸園時代已經開始了。

新紀元運動乃是一些思想不盡相同之群體所組成的聯網(network)，他們的中心思想是：人類自己就是神，人有「宇宙力量」(Universal Energy)，人類所需要的不是從身外來的拯救，只需要「領悟」自己裡面已經有的神性，並學習發揮個人內在的最高潛能。

新紀元運動歷史起因

新紀元運動最早開始於伊甸園，魔鬼對亞當、夏娃說了三個謊言(創三1-6)：

一、你們不一定死。

二、你們的眼睛就明亮了。

三、你們便如神。

這三個基本性的謊言，正是魔鬼在歷世歷代中無數次向普世人類所說的謊言：人自己了不起，人就是神，人有無限潛能與智慧，人定勝天。新紀元的秘術思想認為，人類所需要的就是明白自己是神，人類沒有死亡，而只不過是永無止境地輪迴轉世再生。基督科學會(Christian Science)就是新紀元思想的一個支流。

新紀元運動廣傳的原因

一、人對科學及科技的抗議

人們今天開始厭倦於沒有「人情」、沒有「感情」的科學與科技，於是對於神秘及形而上的事務發生興趣。

二、世俗人文主義的失敗

世俗人文主義使人心中產生了空虛，因而給新紀元運動製造了機會，將假的神秘主義及思想填塞人的空虛心靈，使人認為自己是神、是創造者而自鳴得意。這種自我高舉的信念，好像糞堆上的公雞，相信是自己每早啼叫而使太陽升起來。

三、很多教會失去了活潑的生命及聖經切實的教導，使很多心靈飢渴的基督徒飢不擇食地吸收了假的信仰。

四、更重要的原因，是魔鬼的戰略，魔鬼最大的心願是使神走下寶座。魔鬼欺騙人，使人相信自己是神，因而不需要救恩，不需要神。

新紀元運動的信念(一)

新紀元運動有很多支流，彼此不盡相同，但可找到六項相同點：

一、萬有為一，所以萬有是神。

此信念代表了一元論(Monism)與泛神論(Pantheism)的混合觀念，新紀元運動的「神」沒有位格，「神」就是所謂宇宙力量(Universal Energy)、能力(The Force)、總知覺(Combined Consciousness)等玄奧思想。新紀元思想深入娛樂界，好萊塢的影片「星球大戰」(Star Wars)中就用The Force來代表「神」的觀念。

二、人類具有神性，並有無限潛能。

任何人都可說「我是神」。好萊塢女星莎莉麥蓮(Shirley

MacLaine)是新紀元運動推行最得力的人之一，她曾站在太平洋邊，面對大海高聲連續呼叫「我就是神！」人既然是神，如此，人類只需向自己負責，而不需向任何人、神負責。

三、人類最大問題不是罪，而是不知道自己是神，也不明白人與萬物為一的事實。

人類的這種「無知」可經由個人的「醒悟」(Enlightenment)而解決，「醒悟」可使人得到「變化」(Transformation)而致完全；變化的人生是其他人類的救主。

四、所以人類唯一的需要是「變化」——領悟自己是神。

人類是自己的創造者，領悟個人的神性並正確地引導人類進化，可達致一個和平光明的世界。

五、人類的「變化」可經由多種方法得到。

如催眠術、瑜珈(Yoga)式的冥想、打坐、潛能講壇、神智會(Theosophy)的合一性宗教、金字塔術、水晶球、星象學、過陰、通靈(Channeling of spirits)等。

六、個人的「變化」可引致人類的「變化」。

人類的「變化」可引進世界的黃金時代，沒有戰爭、強暴、種族偏見、疾病與死亡。有些新紀元的人相信人類將真正成為單元統一化：一個語言，一個財政系統，一個普世政府，一個宗教，一個思想，一個心志；有些甚至相信人類即將有一個大跳躍(Quantum Leap)，進入一個完全的世界。

新紀元運動的信念(二)
秘術(Occultism)

新紀元運動大量汲取了印度的輪迴再生說及因果(Karma)的教訓。他們相信藉著不斷的輪迴再生，人至終可以達到極樂的世界。他們每次的輪迴再生都受到因果的控制，輪迴的信仰也

使他們進入通靈術(Channeling)——與已死的親友或其他靈體通話。最近的統計,美國人約25-30%相信輪迴。

因果沒有赦免的觀念,每人需無窮盡地還清因果的債,才能達致極樂世界。

新紀元輪迴信仰帶來過陰與通靈行為,過陰者並可為人介紹一位「靈師」(Spirit Guide)作為指導。這些靈師可能是一位3萬5千歲的古戰士,可能是希臘神話之島上的一個6歲小孩,也可能是六百年後在金星出生的一個女性。

這些靈師對人經常說的話,多半是:愛你自己,你就是神,不需要為任何事感到內疚,你有能力作任何想作的事。

新紀元秘術也使用水晶球,希望帶來醫治、能力與聰智。他們有時將小水晶球貼在汽車引擎上以增加馬力,或放在食水中以發生醫治果效,或繫在頸上以增加腦力。

新紀元秘術者相信飛碟與外星人的存在,並相信外星人的智力高於地球人千百倍。

新紀元運動秘術傳播方法

一、從教育著手

新紀元中甚多人投入教育工作,尤其注重小學教育,從小改變兒童的思想。哈佛大學教育博士皮爾斯(C. J. Pierce)在1973年向1,000位教員演說:「每一個兒童五歲入學時頭腦都有病,因為他們從小被教導要對我們的開國元老、官員、父母、上帝及國家忠心。你們大家要幫助改變他們,使他們成為『未來的孩子們』。」

另一位教育家葛蓮(Beverly Galyean)博士更進一步說:「當我們看見我們都是神,並有神的個性時,我們就會重新擁有我們裡面像神一樣的特質:完全的愛、完全的智慧、完全的領悟、完全的聰明。到此境界時,我們就都成為一。」

二、滲入社會及政治

新紀元注重宣揚環境污染、能源消耗、經濟不公義、核子危機、剝削與迫害等。歐洲的綠黨(Green Party)幾乎都是新紀元的人。退休的聯合國秘書長穆勒(Robert Muller)在他的書《新創世記》(New Genesis)中提倡聯合國應大力促成普世人類的覺醒與變化。

三、混入大公司及機構

新紀元運動倡言人類有無盡的潛能，人只需發展這些尚未使用的潛能，則可大大增加工作能力與生產。

如此動聽的說法，使很多大公司、企業、機構等邀請新紀元運動的人，為他們的員工舉行特別講座及訓練；其中包括美國電話公司(AT&T)、教育部、學校、課本編輯部，也包括美國陸軍特種部隊(Green Berets)。

四、進入娛樂界

電影及錄影帶成為傳播新紀元思想的得力工具，每天不斷將這些思想送進電影院及家庭之中。多位電影明星及製片者都積極在傳播，其中兩名主要人物如下：

1. 今天新紀元思想的帶頭人莎莉麥蓮(Shirley Maclaine)曾出版數本暢銷書，又在電視上和經常巡迴各地舉辦新紀元講座，影響力甚大。

2. 大製片家路卡斯(George Lucas)通過他的出品「星球大戰」(Star Wars)及Indiana Jones的影片，宣揚人的「內部能源」，人可靠此能力作善作惡。

五、舉辦各種聚會

1. 心、靈、體慶祝會靈媒市場(Mind, Body and Spirit Festival-Psychic Fair)

此市場中教導星象學、數字學、看相、水晶球術、飛碟，並售賣金字塔、晶球、草藥、花精等。

2. 普世即時合作大會(World Instant Cooperation)

　　　舉行於1986年12月31日，大會提倡並預言「星球五旬節」(Planet Pentecost)之來臨，屆時人人將得到神性，廢除國界，統一宗教，達致永生。

聖經光照下的新紀元運動

　　歷代反叛神的異端中，新紀元運動差不多可算是最大膽、狂妄與狡猾的一個。魔鬼從亞當、夏娃開始，就利用人的自我與驕傲，引誘人自己作主、作王、作神，時至今日仍然一樣。現謹在神話語光照下，校正他們導人陷入危險的錯誤。

一、萬有(受造之物)並不為一。	(詩一四八篇)
二、萬有(受造之物)不是神(創造者)。	(西一15-17；羅九5)
三、人不是神。	(申三十二39；賽四十五5、6)
四、人的苦境不是因為「無知」(不知自己為神)，而是因為罪。	(羅三23，五12，六23)
五、自稱為神的人將受懲罰。	(結二十八1、2；賽四十四6-8)
六、不分辨創造者與受造之物的人也受懲罰。	(羅一18-32)
七、人受了自己「聰明、智慧」的害。	(賽四十七10、11；羅一22)
八、「輪迴」的道理是人的幻想，聖經無此教訓。	(來九27；約五28、29)
九、人類真正的「覺醒」與「變化」是從神而來。	(弗五14；羅十二2；林後五17)
十、催眠、打坐、水晶球、過陰、通靈等，都是極其危險而不合聖經的，基督徒應絕對禁止參與。	(申十八10-14；利十九31)

第十章
中國大陸
流行的異端與極端
(Cults and Extremisms in China)

　　半個世紀以來，中國大陸基督徒人數增長迅速，從1949年的80多萬到目前的8,000萬左右，這一百倍的「爆長」是世界教會歷史中所僅見。

　　但是信徒快速增長帶來的難處是，工人缺乏的問題日愈嚴重，受過正統聖經及神學訓練的工人更是少數。工人缺乏，造成了一般信徒培育不足、聖經知識膚淺及信心根基不夠穩固。因此當異端或極端之風吹到時，甚多信徒(甚至傳道人)不能分辨真偽，應風而倒，被異端擄去。這實在是令人痛心的事！

　　中國本土的異端、極端與偏差，往往只在一線之隔，因中國大陸特殊的宗教環境——人們只有心裡信教的自由而沒有公開傳教的自由，使得傳福音動力強的教會必須隱秘地進行，失去了與其他教會彼此交流與互動機會，成為偏差、極端及異端形成的溫床。但是這些走岔路的各門各派中，也有不少歸正的情形，我們應當靠主的話努力奪回弟兄們的心，歸回真道，而不僅是定他們的罪。

所謂異端與極端，其分別如下：

　　異端：在信仰與真理及教義上有基本性的錯誤(例：東方閃電派創辦人自稱為「女基督」)。

極端：基本性的教義與真理皆沒有問題，但過份偏重或強調某一部分真理或觀點，以致失去平衡及福音的整全性(例：極端靈恩派認為一定要說方言才算是得救的憑據)。

今天中國大陸很多異端蔓延迅速，遍及各地，但其教義尚未成形，故尚不能逐條逐項地分述，只能概括性地描述其內容。我們選擇了目前在中國廣泛流行，且具代表性的異端六家及極端三家，簡述如下。

壹、異端

一、靈靈教

發起人為華雪和，因他的名字中有二個字和「耶和華」神的名字一樣，所以就自立為「耶穌第二」，自命為神的第二個兒子，並自稱作「華救主」。靈靈教聚會時唱「靈歌」，跳「靈舞」，講「啟示」，說方言；他們認為聖靈所給的「新啟示」比聖經的話更重要。

二、新約使徒教會

在大陸的新約使徒教會，分別來自二個地區；一是台灣系統，源自江端儀、洪以利亞用血、水、聖靈所建立的錫安教會，在大陸按立使徒及大使徒；一是加拿大系統，在河南分區按立大使徒，並一級級往下按立使徒。表面上他們仿照初代教會，耶穌設立使徒的作法，在各區各縣按立使徒，實際卻要求信徒遵守使徒的教訓，甚至禱告要奉使徒某某的名，神才垂聽。宣稱惟有血、水、聖靈才是全備的福音，信徒只有從他們的使徒傳福音信主才能得救。而使徒必須具備政權、人民、土地等基本要素。

三、被立王(主神教)

1995年，自稱為「被立王」的吳揚明已遭政府槍決，但他在

安徽、江西等地已釀成相當大的影響。吳揚明自稱是由神膏立的「再來的王」，要求信徒奉「被立王」(即他自己)的名字禱告、趕鬼、醫病，而不是奉耶穌的名，所以是很明顯的異端。1992年他的信徒劉家國、朱愛清到湖南湘潭創立了「主神教」。劉家國自稱為「主神」，封朱愛清為「在上主」。1998年1月遭政府取締，6月骨幹分子劉家國等被捕，1999年10月12日劉遭槍決，朱愛清處有期徒刑十七年。

四、三班僕人

90年代初期在安徽出現，教會弟兄姊妹相傳所聞，繪聲繪影地描述他們的情況。概括來說，有人按聖經將恩賜有五千兩、二千兩、一千兩的不同，而把信徒分做三階等；五千兩以上最大，是最高層的，可比照主的十二個門徒，自立為使徒。使徒有為人按手的權柄，也有權依信徒的表現來評量信徒由一千兩「升級」至二千兩或「降級」。

90年代末期，「三班僕人」不單只在安徽，更在東北出現；十年之間，其發展之速，散播面積之廣，明顯可見。據一位曾在該系統之同工98年所說，三班僕人號稱有百萬信徒，分佈全國，以安徽、四川、東北為數較多；該組織不擇手段地引人入教，又無所不用其極地控制信徒。聞者譁然，更憂心三班僕人的道理，若繼續傳佈下去，將貽害更多無辜百姓，攔阻人歸向真神。

面對這異端，衛道當責無旁貸，更希望透過較深入探討，把「三班僕人」的問題與特點作出整理，供大陸教會作為護教工具，避免無知羊群被帶迷了方向，平白失去救恩。惟有關「三班僕人」的文字及口頭資料都不易取得，該系統並無出版任何文字材料，故只能就有限的管道和材料，探悉其一般情況。

「三班僕人」的領袖即「大僕人」，也是創始人徐聖光，安徽

人，50-60歲，蓄長鬚，長髮，看來像70歲多的老人。平時以極隱秘的方式遊走各地，由各地家庭接待住宿。其所到之處，睡臥起居處必定為「至聖所」，非經特別召喚，平常人不能進入；「至聖所」外，其下之同工、傳道住宿的房間為「聖所」，只有同工能進出；聚會的地方則稱「外院」。「大僕人」沒有家眷子女，但傳說老家有妻子，多年不曾往來。

何謂「三班僕人」？

根據其信徒提供的講道筆記，對於「三班僕人」的解釋：「三」是三一；「班」是「班次」，是神家的規矩，神的教會必須在神所立的「班次」之內；「僕人」是神差派使用的人，有恩賜大小、職位高低的區別。

從牽強的經文，「三班僕人」在聖經裡拼湊出「三班」的歷史發展，分為以下三個時期：

1. 聖父時代的三班僕人

如摩西、亞倫、戶珥三位神的僕人帶領百姓爭戰(出十七8-16)；以色列人在曠野分三個隊伍行走(民二5、16、24)；及基甸帶領的三百個勇士也分成三隊(士七15-22)。他們以此為根據，說明神的僕人如何以「三」的班次服事。

2. 聖子時代的三班僕人

耶穌的朋友馬大、馬利亞、拉撒路，一家三姊弟服事耶穌(約十一1)；有結實三十倍、六十倍、一百倍三種好土(太十三23)；耶穌的比喻有五千兩、二千兩、一千兩三種才幹的僕人(太廿五14-15)。

3. 聖靈時代的三班僕人

他們從林前十二28提到使徒、先知、教師三種恩賜，以及弗四11論教會有使徒、先知、傳福音的三種職

份,推得聖靈時代的「三班」僕人。

組織班次

至於「班」又指甚麼?根據受訪的同工所述,徐聖光在組織裡訂定「班次」,最高的一班是大僕人,地位彷如摩西;其次為小僕人,身份好比約書亞,是組織內的重要幹部;再下是「使女」,這些姊妹負責管理一、兩個省份的工作;使女之下還有同工、小同工、教會柱石,分別執掌縣以及地方小面積教會的管理和講道工作。

信徒組織之外,徐聖光還致力拓展教會生財管道,建構了一個擁有龐大教產的王國,所有教產均由徐的妹妹管理。只要是缺乏口才或講台恩賜的僕人、使女,以及本來在大僕人身邊服事,後來被懷疑忠誠度有問題的人(一方面為防止他們跑回老家,散佈對「班次」不利的言論,一方面要避免這些人在組織內日久生變,製造內部矛盾),都根據他們的興趣和能力,派出去學理髮、修理汽車等技術,並在全國各地開設理髮店、裁縫店、餐館、旅館……,作為接待僕人和賺錢的機構,使得大僕人無論到那裡都可以徹底隱秘行蹤,還能衣食無虞。

他們認為教會必須建立在這些班次之內,因此不在班次裡或沒有獲得班次地位的人,不能得救。而順服則為得救的根源,順服僕人就是順服神,因為僕人是神所差的;神既是昨日、今日永不改變的神,所以僕人也不改變,不聽從僕人的就是褻瀆聖靈。這樣的理論發展到96年,演化成僕人是信徒「肉身主人」的絕對權威,信徒須得透過肉身主人才能見耶穌,所以只能向僕人認罪,不能直接向神認罪,僕人代替基督成了得救的道路和中保。

96年更興起「鞭打除罪」;信徒日常認罪或觸犯戒規,得經由鞭打等刑罰以消過除罪。僕人、使女可照信徒認罪的內容,

按罪項大小決定鞭打次數,最少四十下(保羅被打四十減一下,信徒怎可與保羅同等,次數只能多不能少),往往動輒被判五十、一百下,立刻領罰;有不能承受的,累積至下次再打。弟兄姊妹中常有積欠數百下的,一看到僕人就打顫發抖,天天活在恐懼焦慮中,不懂得因信稱義的救恩真理。

五、常受主派

常受主派是呼喊派的一支。他們呼喊李常受為「常受主」,並且說要呼喊「常受主」才可以得救。曾有他們的長老說聖靈啟示他們:「耶穌是以前的人,不會再來救世人,而是李常受要再來拯救他們。」他們主張不用看聖經,認為信徒在頌唱詩歌中應不停地敬拜李常受。他們更把詩篇一五零篇「你們要讚美耶和華」改為「你們要讚美李常受」。他們揚言李常受是主是王,是萬王之王,又尊貴又榮耀。

這是典型的異端。除了神之外,我們不能高舉任何人;耶穌在世時高舉父神,耶穌升天差聖靈降臨後,聖靈在世上是高舉基督的。

六、東方閃電

耶穌說:「你們要謹慎,免得有人迷惑你們。因為將來有好些人冒我的名來說:『我是基督』,並且要迷惑許多人。」(太廿四4-5)

今天末後的時代中,許多人冒充主耶穌的名,自稱是「基督」,以下所揭露的只是其中一位。這位出生在河南省某地的一個女人,稱自己是「女基督」,是「重返肉身的耶穌」,是「末後的基督」,向末後的時代發表「話語」。她的教義含有邪教的特徵,如藉「滴血」進入高層組織、殺人滅口、欺騙錢財等。令人吃驚的是,她竟然建立了一個神秘而又龐大的組織,向全國各地差

派大量的人，傳播她所發表的「話語」；同時，也印刷了大量的
書籍送發全國許多地方，使河南、安徽、山東、山西、江蘇、
浙江、福建、廣東、陝西、東北等地教會造成了極大的混亂，
後果嚴重。

1.「女基督」的出現

a.「女基督」的由來

約在1990年，河南省某地(有說鄭州市附近)，有一
鄧姓未婚女子，據說被鬼附，自稱為「女基督」，是重返肉
身的「耶穌」。其實正如她自己所說：「……但是神道成肉
身並不能從石頭縫裡蹦出來，也不能從天上掉下來，只
能出生在一個正常人的家庭。」所以她有父母、姊妹，「是
一個很普通的肉身」，從她身上看不出與眾不同的地
方，「是小小的人」。

我們知道，聖經中從頭到尾沒有一處預言基督會再
次道成肉身，而且是以女子的身份。所以這位「女基督」
明顯是一個冒充主名的「假基督」。

b.「女基督」稱呼的由來

其一，這位姓鄧女子自稱是「女基督」，她的見證人
曲解創世記一27「神就照著自己的形像造人，乃是照著祂
的形像造男造女」的經意，認為神的形像既像男也像女，
胡說神第一次道成肉身是男性，起名耶穌；第二次道成
肉身是女性。另外，他們又曲解耶三十一22：「……耶和
華在地上造了一件新事，就是女子護衛男子」為「女基督
來是護衛男基督的」。

其實，創一27所說的「形像」不是指形體上的，乃包
括了「仁義與聖潔」(弗四24)、「知識」(西三10)等特徵；而
耶三十一22中的「女子」是指以色列民，意思是總有一天

猶大會轉向耶和華，毫無條件地盡心愛祂。(參《新國際版研讀本聖經》的註解)

其二，這位「女基督」自稱是「閃電」或「東方的閃電」。他們曲解賽四十一2「誰從東方興起一人……」，指神第二次興起的基督不是猶太人，乃是東方人，降臨在中國。又將太廿四27「閃電從東方發出，直到西方，人子降臨也要這樣」曲解為「女基督」就是『東方的閃電』，要把她所發表的話語從中國傳到西方國家去。

其實，根據賽四十一2的上下文便可知，經文中所預言神要興起的那人是波斯王古列。太廿四27的意思更顯而易見，是指基督再來時，並非隱藏著不被人所知，是如閃電發出，眾目可見。

其三，這位「女基督」又自稱是「全能神」。他們引用啟示錄三12「……並我的新名，都寫在祂上面」說神有「新名」。新名是甚麼呢？「啟示錄」數十次提到「全能者」，是其他書卷所沒有的，所以這位「女基督」的新名又叫「全能者」。

其實，「全能者」不是神的名字，乃是神的屬性，表明我們的神是無所不能的神；況且在創十七1中，耶和華早就向亞伯蘭宣告祂是全能的神，所以「全能者」並非神的新名。

總結，這自稱是「基督」的女人，竟冒充是全能的神，充份暴露出背叛神的罪人妄想與神同等的罪惡本性，也正是那自古就引誘人者想達到的目的。

c.「女基督」的工作

這位「女基督」一方面要用自己所發表的「話語」成全一批得勝者，就是所謂「基督」如賊來到「偷寶貝」；這些被成全的人就是太十三章撒網比喻中的「好的」，要被收

進倉裡。另一方她要用自己的「話語」審判一切不接受
她、「抵擋神」的人；這就是所謂「揚場」的工作。

她說：「末世的基督帶來了生命，帶來的是長久的、
永遠的真理的道，這真理就是人得著生命的途徑，是人
認神、被神稱許的唯一途徑。」

基督徒都知道，耶穌說：「我就是道路、真理、生
命，若不藉著我沒有人能到父那裡去。」(約十四6)這位所
謂「末世的基督」所帶來的是甚麼「生命」？是甚麼「真理的
道」？在她的話語中始終沒有說清楚。其實，她是用騙人
的話來否定為我們罪人死而復活的基督，及祂在地上曾
經作成的救贖大功；她明顯是敵基督者(參約壹二18、
22)。

她又說，她不為人醫病，也不為人釘十字架(理由是
神不作重複的工作)，只在肉身上說話，在肉身中征服人
(「征服」原意是打敗，使其蒙羞；按照希伯來語的意思，
本是徹底打敗摧毀，使其不再有能力反抗，今天用在這
些人中間就是征服的意思)，即讓神的道在一個最正常、
普通的肉身中顯現，完成神在肉身未完成的工作。同
時，她說在地上成全一批得勝者，如「啟示錄」所記的14
萬4千人，所以她要求跟從她的人唱「新歌」(其實，所
謂「新歌」不過是用民間小調譜上歌詞而已)，這群人將被
帶進國度和她一同掌權。而那些因著不能領受重返肉身
的「耶穌」所說的話，定規是地獄之子孫，定規是天使長
的後裔，定規是永滅亡的種類。

眾所周知，主耶穌在地上曾成就的救贖之功是把自
己一次獻上，成了永遠的贖罪祭，便叫那得以成聖的人
永遠完全。所以祂的救贖之功是完全、永遠不變的(參來
十10-14，七24、25；羅八31-34)。這位「女基督」說自己

在肉身中所發表的「話語」，就能作神在肉身中未完成的
工作，明顯是叫人無法相信的狂妄說話；她用一些所謂
的「真理」就能征服人(或成全人)，倒有點像中國傳統宗教
中勸人為善、救渡世人的道；所謂不接受她的「話語」就
定規滅亡，是恫嚇之言，實在想唯我獨尊，狂妄至極。

2. 荒謬的《小書卷》

a. 《小書卷》的由來

這位「重返肉身耶穌」的女人的「話語」是「神的話」，
是「真理」，也是啟五1所說的「書卷」和啟十2所說的「小
書卷」。他們再利用但十二4：「你要隱藏這話，封閉這
書，直到末了，必有多人來往奔跑，知識就必增長」，
曲解為今天已是末時了，那封閉的書已經展開了，就是「小
書卷」。

其實啟五1節所說的書卷，是大衛的後裔、被殺的羔
羊在寶座前揭開的，只有祂才配揭開、觀看，其他任何
受造之物都是不配的。而啟十2的小書卷，當時被約翰吃
進腹中，現在哪還再有「小書卷」？至於但十二4節的經
意，是那位向但以理顯現的人子告訴他，要將神的啟示
小心保存，讓末世的人讀了可以明白(參《啟導本聖經》的
註解)。所以，這位「女基督」的所謂「小書卷」，根本不是
神的話，不過是她的謊話而已。

b. 《小書卷》的名稱

這本被他們視為經典的《小書卷》大量印刷，並且
多次易名，但內容幾乎不變，以達到掩人耳目的目的。
據知，這《小書卷》又名《聖靈末世的作工》，其它的書名
還有《耶穌駕著白雲重歸》、《東方發出的閃電》、《神隱
秘的話語》、《基督的發表》等，基本上是大同小異的重
複話。

c.《小書卷》的內容

這《小書卷》洋洋灑灑總共約40萬字，內容雜亂含糊，語句不通，矛盾百出。其中太多重複話，太多罵人的髒話，嚇唬人的鬼話。摘其中一片段可知：「背叛自己誓言的是叛徒，不敢向神起誓的是膽小鬼，不按自己誓言去行的是廢料一塊，總忘記自己所起的誓的人是肥豬一個。」

根據此《小書卷》的錯誤，可舉例批駁如下：

i. 書中直接或間接引用一些《聖經》經節，但對《聖經》本身卻持否定和批判的態度。書中認為《聖經》是「他人的傳說」，是「叫人死的字句」，不是「真理」。所以讀《聖經》、相信聖經真理的人被認為是《聖經》的「看家奴」，是「每一句經文的走狗」，「是對我(指女基督)極大的褻瀆」，「是法利賽人的賢子孝孫」(註：書中認為法利賽人以摩西律法定耶穌的罪，今天死守聖經字句的人也定重返肉身耶穌的罪。)

其實，這句話本身也是錯誤的；按照摩西律法根本查不出耶穌的罪來，因耶穌沒有做過一件違犯律法的事。而稀奇的是，如果聖經被認為是過時、死的「字句」，為甚麼他們又屢屢引用聖經的經節？既然是否定和批判聖經，為甚麼又套用聖經的經意來支持自己是「神」？其實利用聖經打倒聖經的技倆，是魔鬼和牠的使者自古常用的花招。

ii. 其書直言基督徒所信仰的是「渺茫的神」，這位重返肉身的「耶穌」才是實際神。這實際神就是「人今天所看見的是與人一樣的神，人看見的是有鼻子有眼睛的神……一個很不起眼的神。」書中又說，這「末世神來了，主要是說話，站在靈的角度上說，站在人的角度上

説，站在第三者的角度説話，用不同的方式説話⋯⋯神
主要作這個工作，來除掉人心目中的耶穌的形象，除去
人心中渺茫神的地位。」

很明顯，這位「女基督」要除去耶穌的形象，除去神
在人心中的地位，這不是敵基督者嗎？

iii. 書中説到「神六千年經營計劃」分為「三個時代」完
成：

第一，「律法時代」。神名叫「耶和華」，神的標準是
許多誡命，目的是帶領人認識造物主。

第二，「恩典時代」。神名叫「耶穌」，神的主要工作
是「救贖」。「救贖」即耶穌藉著十字架成為罪身的形象，
交給那惡者，目的是結束律法時代，將人類全部救贖出
來。

這種救贖觀是極其錯誤的。耶穌是擔當全人類的罪
接受神公義的審判，叫信祂的人不至滅亡反得永生(參來
九14；賽五十三4-6；約三36；羅十13)。

第三，「國度時代」。神名叫「全能者」，神的主要工
作是審判(「審判」即「全能者」用口中的話語來征服人類)，
目的是結束恩典時代，帶入國度時代；或將人被撒但敗
壞的性情完全脱去，成為「得勝者」；或淘汰拒絕接受「話
語」的人，使之永遠滅亡。

然而，「神六千年經營計劃」的説法有何根據？把神
的工作硬性定規為三，合理嗎？為甚麼不接受「末世的全
能者」要永遠滅亡呢？她憑著自封就能作全能者嗎？這
「全能者」根據甚麼來審判人呢？我們相信，《聖經》中所啟
示的神全部工作的中心，就是神的救贖之功。舊約預
表、預言基督和祂的救贖，新約應驗、成全；基督成全
了舊約律法，把信者從罪中拯救出來，給信祂的人帶來

了永遠的盼望，不信的人將會被定罪。所以，不可能再有另一個「全能者」藉著另外的標準作審判的工作。

總而言之，這本書徹底否定《聖經》，對神和按著神形象所造的人類無端的污辱和攻擊，其中極多謾罵之詞，如：「臭貨，我一腳把你踹出去！」，「狼爹狼娘狼子狼孫，狼心狗肺的人！你們這些衣冠禽獸、人面獸心的畜生，我不會為你們受苦的！愚昧無知的窮酸樣，畜牲給我滾出去！」，「把這世界廢滅了才解我心頭之恨！」完全是一副潑婦罵街的形象。反過來，這本書特別強調人要對那位「女基督」應有的態度：要認識她、體貼她的心意，對她要絕對忠心、絕對順服，要守她的新誡命，藉著「禱告」，人人操練，將心歸向她等等。兩者極其矛盾！

3. 可怕的騙術

騙術之一：利用聖經

這些傳東方閃電的假師傅，常常通過曲解聖經來迷惑人，如他們引用啟十九10「……預言中的靈意乃是為耶穌作見證的」，卻認為解釋預言要用靈意，就說耶穌駕著白雲降臨的「白雲」，就是指「祂的靈，祂的話，祂的全部性情與所是」。

我們相信教會被提在空中與基督相遇，他們解釋「空中」就是「地上」，因為地球本來就懸在空中。由此可見，他們根本不知道甚麼是靈意，無非是隨私意亂解經文。

這些假師傅不懂經文的文理，任意咬文嚼字。如路十七25說「只是祂必須先受許多苦，又被這世代棄絕」，他們抓住「又」字，曲解基督重返肉身，並且第二次被世人棄絕。經文的本意是道成肉身的基督不但受苦，還要被殺，並無第二次被棄絕的意思。再如他們將啟一8「主說……我是昔在、今在、以後永在的全能者」曲解為：「昔在」神叫耶

和華;「今在」神叫耶穌;「永在神」叫全能者。三位一體的
神解釋為一位一體,這也同是其他異端的特點。

騙術之二:運用謊言、詭詐、威嚇、利誘等手段勾引人。

　　這些假師傅在傳假道的過程中,為了達到掠奪教會、
迷惑他人的目的,想方設法、不擇手段。

舉例一:用假姓名(他們解釋説是「新名」)和假地址。

舉例二:初次和他人接觸的時候,常以「尋求」的方式,
　　　　「學習」的態度,先派人探聽那些地方有教會,
　　　　並參加聚會,和當地建立友好關係,然後假
　　　　師傅出現談「道」,最後破壞教會(家庭教會)。

舉例三:常常先提出一些稀奇古怪的問題。譬如問:「是
　　　　神大?還是聖經大?」你若問他們問題,卻從不
　　　　作正面回答,甚至會反問你。譬如你問:「你們
　　　　重生、得救的經歷是甚麼?」他們會反過來問
　　　　你:「甚麼是得救?甚麼是生命?」

舉例四:公開宣傳說:「說謊是智慧」,叫大家學會説
　　　　謊。

舉例五:他們一般先找當地教會的負責同工談「道」,若
　　　　不成功,再以當地教會負責同工的名義,把下
　　　　一層的同工騙到另外一個地方去聚會,使他們
　　　　歸從,便駕空負責同工。

舉例六:他們會威嚇説,若不接受他們所傳的「真理」,
　　　　被定規是滅亡的人。他們也把接受「真理」的人
　　　　和別人隔開,接受「真理」後又「背叛」他們的
　　　　人,他們就開除、控制(指軟禁)起來,並惡毒
　　　　地詛咒他們。

舉例七:他們會利用錢財來引誘人,甚至用「美人計」來
　　　　騙人上當。這能是「傳道」人嗎?

騙術之三：三步工作

這些傳假道的人到各地一般做三步工作。

第一步：傳「福音」。他們要求聽的人放下從前所接受的一切道理，並且要求聽的人必須連續聽三天。這樣，無非要信徒先放棄自己的信仰立場，離棄已接受的純正真理，使他們能集中向信徒灌輸那些似是而非的鬼魔道理。

第二步：奉「差遣」。他們從受騙的人群中選出一些認為成績好、肯聽話的人，要他們離開家庭，到各處去傳播這些害人的毒素，以示效忠「女基督」。

第三步：迎「基督」。這些假師傅一方面以「信和不信的原不相配」為理由，禁止受蒙騙的人和其他不接受假道的人來往；另一方面他們開始組織秘密聚會(很多地方半夜起來聚會)，唱「新歌」，跳舞迎接「基督」。

4. 危害！危害！危害！

危害之一：對個人而言，給信仰和生活帶來了極大的危害。這些傳假道的人說，聖經中有神的話，有鬼的話，有人的話，有驢子的話；這種似是而非的道理，大大動搖了聖經在個人信仰和生活中的權威。此外，他們又引誘人注重聖經以外的「真理」。

我們知道聖經是每一個基督徒信仰和生活的唯一準則，失去了這個準則，人就失去判斷真假的能力，失去了真信仰和道德生活的依據。結果，那些受迷惑的人只能盲目地跟從假師傅所傳講的假道，奔走在一條又錯謬又危險的道路上！一些受迷惑的弟兄已完全放棄了原來對神的信

仰和對聖經的看法，懷疑自己蒙恩得救。一位信主時間不長的姊妹，受了迷惑，竟說：「我不信了，我甚麼也不信了。」另一位受迷惑的姊妹，信主時間較長，最後也說：「我沒有機會回頭了！」

危害之二：對家庭而言。這種假道對受迷惑者的家庭也同樣帶來極大的危害。那位「女基督」教導人說：「為你那污鬼爹娘奔波忙碌到現在，你竟然不知道坑害你的，竟是生你養你的污鬼爹娘；你更不知道你的污穢竟然是她供應給你的……。」她又說：「所以說，得背叛肉體，不能體貼它，甚麼丈夫、妻子、兒女、前途、婚姻、家庭這些都沒有！」也說：「我心裡只有神，我得好好滿足神，不能滿足肉體；你有這個心志才行。」

事實上，受迷惑的人群當中，有的拿出家中財物來接待假師傅；有的把辛苦掙來的錢「奉獻」；有的乾脆離家出走，杳無音訊；有人竟然叫在遙遠城市打工的女兒回來，領受這金錢買不到的「得救之道」。他們還叫人不要栽種了，不要工作了，因為基督已經到來了。

危害之三：對教會而言。這些假師傅每到一個地方，就給當地教會帶來了混亂和分裂。他們就是賊，是披著羊皮的狼。他們不傳福音，專門到別人的羊圈中偷羊。

這樣的強盜行徑，帶給教會的後果是：本來在一起聚會的弟兄姊妹因而彼此不來往了，中了害的人把其他弟兄姊妹視為仇敵。當要勸勉一個受迷惑的姊妹時，她會說：「我恨死你們這些人！」本來在一起事奉神的同工中，受了迷惑的人甚至攻擊其他同工是「抵擋神，褻瀆聖靈的法利賽

人」。某地教會一些受迷惑的同工，拒絕與曾帶領他們的同工見面。類似可悲現象不勝枚舉！

5. 為真理而戰

主的真理被混亂，神的教會遭掠奪，所以當趁著還有今日，在真道上造就自己；在主面前儆醒禱告，分辨是非，敢於抵擋異端邪說，斥責假師傅。深盼那些知悉這情況的肢體不作旁觀者，為受迷惑的教會或個人迫切禱告！深盼那些從迷惑中回轉過來的人，心中恨惡假道，為主快快挽回迷羊！深盼那些在迷途中的人棄絕「撒旦深奧之理」，快快醒悟，重新回到真道上！

弟兄姊妹們起來吧！為真理而戰！

(以上東方閃電派資料由安徽家庭教會提供)

貳、極端

一、重生派

在名稱上不論是「哭重生」、「生命會」、「真理會」或「全範圍教會」，其實都是指同一件事情。這個系統最遭人詬病的是，要人痛哭數天，並且見到異象才算得救。

重生派會舉行生命會。這些聚會通常有三、四十人參加。其中會有三名十餘二十歲的福音使者，在會前先禁食禱告三天，懇求聖靈恩膏。他們在會上講的信息，內容非常簡單，從神的創造講到人的墮落，幾乎是任何一位真正信徒都能講的真理。但是在講述的過程中，聖靈作工，使人痛哭、悔改，甚至撞牆、打自己；又有人突然跳起來，跑出去，原來是回家與家人和好、認罪，向姊姊說對不起以後再回來。如此激烈的現象，有部分人不能領受，說一些不好的話，批評他們「哭」是製

造混亂，否定了生命會中其他諸多的優點。

其實，正如一個家庭裡，十個孩子中有一個比較怪異，也不能說全家都不正常。所以形成困擾，是有些人在重生得救之後，知道信主的好處，大發熱心，巴不得全村的人都信主，在自己對真理還不十分清楚，未受過正規的裝備，但因當地同工不足，而要出來帶領生命會，錯把個人悔罪的經驗(哭)，當作得救的必然證據，教導人「哭」是得救的記號，使真理產生偏差。

重生派不是異端，只是極端或偏差，需要我們去了解與分辨，並且幫助他們走向真理。

二、擊鼓跳舞派(多倫多聖笑)

一群曾居留加拿大多倫多的華人，把在當地學習到的一種獨特崇拜模式帶回大陸，以搖滾樂的伴奏形式，配以打鼓、拍手、跳舞的敬拜方式。這種敬拜方式在國外為某些信徒所接受，不過傳播到中國以後，卻成了一個特別的教派，給大陸教會帶來很大的衝擊。

(以上資料轉載自《中國與福音》，21及22期)

(編按：此運動在上世紀90年代開始於加拿大多倫多市，信徒們被按手禱告後，很多倒在地上狂笑數小時，被認為是受聖靈的記號，故稱為「聖笑」(Holy Laughter)。其後不久，倒地之人在狂笑之後，更進一步作出動物鳴叫的聲音。至此，一般信徒開始遠離他們，甚至多數靈恩派的教會也與他們隔絕。)

三、極端靈恩派

靈恩運動，是廿世紀的教會發展極為顯著的運動之一。本世紀初的第一波靈恩運動，50年代興起的第二波靈恩運動，及

80年代興起的第三波靈恩運動，從美國擴散到世界各地，並對各地的教會帶來不同程度的衝擊與影響。

80年代末，第三波靈恩運動也進入並影響中國大陸的家庭教會。家庭教會原本就有很多神蹟奇事、醫病趕鬼的見證，因此靈恩運動並沒有引起多大的反感。但當靈恩運動更廣泛的影響家庭教會時，開始有些人高舉起某些恩賜(如方言、神醫等)，又過分強調經歷，將個別的經歷與現象當作人人要追求的經歷(如靈舞、仆倒在地等)，而忽略以神全面的話語作為依歸，如此便成了走向極端的信仰。極端靈恩派所及，紛紛帶來教會分裂；有些極端靈恩派，甚至發展到教導異端教義的地步，如「不說方言，就不能得救」。

追求聖靈的恩賜原是好的，中國教會應當懇求聖靈賜下更大的屬靈復興，因我們事奉主都是靠聖靈的能力。但極端靈恩派卻不同，他們引導人過分高舉部分真理，追求個人某些特殊經歷，將相對性的個人經歷看成絕對性的普遍真理，這種作法與聖經不符，信徒當用智慧去分辨。

第十一章
教會史略
(An Outline of Church History)

序言

舊約歷史的記載，始於亞當夏娃之被造，終於猶太人被擄歸回，尼希米、以斯拉率領猶太人重建聖城、聖殿為止。此記載之終止，時在主前430年左右。

從此時直到耶穌降生前一切事，聖經並無記載；歷史稱此時期為兩約之間的時代。其間，猶太人先後受波斯及希臘統治，然後享受了一百年的獨立時代，最後於主前63年被羅馬征服。

新約聖經的歷史部分，記載主耶穌在世一生的事蹟，主升天後初期教會的開始，及第一代使徒四出傳道的情形。(註：新約的預言部分記載遠達末世、大災難、千禧年、新天新地等，不在此討論範圍內。)

教會歷史的目的，是接續新約聖經初期教會的記錄，將歷代教會之沿革、發展及重要事蹟，按著年代，有系統地記載下來，使信徒從中得到教訓及警惕，並明白神在信祂的人身上(或說在教會中)一貫的心願與目的。

新約教會歷史約可分為下列七時代：

一、 使徒時代 (或稱初期教會時代)：主後 30－100年(以下年份略去「主後」二字)

二、 迫害時代：100 －313年

三、國教時代：313－590年

四、天主教時代(或稱黑暗時代)：590－1517年

五、宗教改革時代：1517－1648年

六、普世佈道運動時代：1648年－

七、末世教會時代：1900年－

(註：教會歷史年代之劃分，是讓信徒對教會歷史有簡明之了解，但教會之發展及變遷是逐漸的、緩慢的、很難用年日分成確切的段落。)

靠著聖靈的光照，我們先從第一個時代說起：

一、使徒時代(30 － 100 年)

主升天四十日後五旬節聖靈降臨，使徒們大有能力，在耶路撒冷開始作福音的見證，耶路撒冷的教會首先被建立。至司提反殉道後，福音工作開始向耶路撒冷以外的地方推進，逐漸成就徒一8主耶穌所說的預言。

那時，使徒們傳福音的情形真是轟轟烈烈，大有能力。彼得在聖殿向大群的猶太人宣告：「你們殺了那生命的主，神卻叫祂從死裡復活了；我們都是為這事作見證。」(徒三15)幾天之內，耶路撒冷有成萬的人(包括男女)信了耶穌(徒二41，四4)。

司提反在殉道前向反對他的人高聲呼喊說：「你們這硬著頸項，心與耳未受割禮的人，時常抗拒聖靈……如今你們又把那義者賣了，殺了。」(徒七51、52)於是福音傳到了猶太全地與撒瑪利亞(徒八)。

保羅本是逼迫福音的，但是受了主的呼召，成了外邦人的使徒，奮不顧身，將福音傳到小亞細亞、希臘與羅馬，後在尼祿(Nero)皇帝手下殉道。

其他諸使徒也大都成為傳教士並殉道，略記數人如下：

1. 雅各(主的兄弟)——為耶路撒冷教會領袖，恆久為人禱告，以致膝蓋部位之皮厚如駱駝。約於主後65年被祭司長控告而殉道。
2. 約翰——活至主後約100年。早年居於耶路撒冷，晚年居以弗所，幫助那裡的教會，並寫了《約翰福音》。95年被羅馬皇帝放逐於拔摩海島，得見異象啟示；次年被釋回以弗所，寫成了《啟示錄》。
3. 馬太——到阿拉伯傳道。
4. 馬可——到埃及亞歷山大傳道。
5. 雅各——到西班牙傳道。
6. 多馬——到印度傳道，所以至今印度仍有聖多馬教會。
7. 猶大(不是賣耶穌的猶大)——到敘利亞與波斯傳道。

初期教會的福音工人們，靠著聖靈的大能，披荊斬棘，前仆後繼，在短短七十年中，將福音的種子撒遍了聖城、聖地、小亞細亞、希臘、羅馬，甚至整個地中海沿岸，在各處建立了教會。

二、迫害時代(100－313年)

到了100年時，教會發生了兩個大禍患：一個是內部的異端，一個是外來的迫害。

本時期先後興起之異端簡述如下：

1. 以便尼派(Ebionism)——乃是一群皈依基督教的猶太人，他們雖已信奉基督教，但仍遵行舊約的律法，守割禮及安息日等。
2. 愛悉尼派(Essenes)——相信世界為天使所造。此異端於六世紀為伊斯蘭教所吞滅。
3. 馬吉安(Marcion)——相信真神有二，即好神與壞神。認為猶太人所信之神為次等神；耶穌無肉體，僅係幻影。

此異端於400年間消滅。

4. 諾斯底主義(Gnosticism)——認為耶穌既是神的兒子,便不能經過死亡;所以,釘十字架的不是耶穌,而是替耶穌背十字架的古利奈人西門。神用超然的能力將西門變成耶穌的形像,代替耶穌釘十字架!

他們認為神在最上,其次是道,然後順次是天使、魔鬼,最下是物質。人欲得救必須靠著一種神秘的智慧,脫離一切之拘束而上歸於神。

當時抵擋異端,為真道爭辯的神學家們計有愛任紐(Irenaeous)、坡旅甲(Polycarp)、革利免(Clement)、俄利根(Origen)及特土良(Tertullian)等。

此一時期是羅馬帝國迫害基督徒最慘烈的時期,其中尤以豆米仙(Domitian)、德修(Decius)、德克理田(Diocletian)幾個皇帝迫害最甚。無數的基督徒被監禁、拋入野獸群中,被各種酷刑處死;有的雖倖免於死,但終生成了殘廢。

這些可貴可敬的古聖徒們,不以性命為貴,持守信心,愛主到底。有一段描寫他們被驅進入鬥獸場時的記載說:「天破曉了,他們的勝利也來臨了!從牢房走進大圓場,就像步向天庭,他們的臉面放射出喜悅的光輝!」正如我們的主所說:「一有這些事,你們就當挺身昂首,因為你們得贖的日子近了。」(路廿一28)

三、國教時代(313－590年)

1. 君士坦丁大帝以基督教為國教

313年,君士坦丁(Constantine)大帝即位,至此,羅馬帝國對基督教有形之迫害倏然停止;原因是君士坦丁於312年與馬克辛丟為國位爭戰時,突然看見天上顯出光耀之十字架,並有字說:「靠此記號得勝。」於是他令全

軍以十字架為旗幟,果然獲得勝利。即位後,作了以下
幾件對於基督教重要的事:

a. 他自己信奉了基督教。

b. 頒佈容忍令(Toleration Edict)——意即容忍基督教,不
再迫害。

c. 善待基督徒,免除他們的徵稅及兵役。

d. 封基督教為朝廷的宗教,並諭令一切臣民皆須信仰基
督教。

e. 定星期日為聚會及休息之日,羅馬士兵可於該日自由
參加聚會。

f. 諭令繕製聖經50本。

2. 君士坦丁對社會及律法之改革

a. 廢止釘十字架刑。

b. 廢止人與人、人與獸之殊死鬥。

c. 禁止離婚淫亂。

d. 禁止虐待犯人。

3. 教會開始腐化

基督教成為羅馬帝國國教之後,由於政府的幫助,
各處建立了壯麗宏偉的教堂,士兵、商賈、文武官員都
加入了教會。表面看來,教會的事工突飛猛進;實際
上,教會與政治締結婚盟。教會屬靈的地位一敗塗地,
教會裡面充滿了有名無實的基督徒(不信者與異教
者)。這「國教」政策給教會帶來的災禍較以往一切之迫害
尤甚;外來的迫害會使教會更堅強、更團結、更煉淨,
但內部的腐壞卻像毒瘡,越爛越大。表面上看來,教會
征服了羅馬帝國;實際上,羅馬帝國腐化了教會!

使徒時代的教會禮拜,是簡單、屬靈、有力的,多
半在信徒家中進行。現在有高大的教堂,禮拜變成繁

複、儀式化而呆板。由於此種基督教的腐化，逐漸形成了日後天主教的體系。

4. 亞流(Arius)異端興起(參閱前「耶和華見證人」一章)

當時有亞歷山大教會長老亞流，公開宣講異端，其內容如下：

a. 父(神)比子(耶穌)在先，子未曾與父永遠同存。

b. 約翰福音一1所言「太初有道，道與神同在，道就是神」為不可信。

c. 子是被造的，不過是萬物中首先被造而已。

d. 子既是被造，則亦可能犯罪。

當時有極多人附從亞流之說，為解決亞流異端問題，教會於325年6月19日於尼西亞召開普世性大會，各教會派監督一人、長老二人、執事三人出席參加。

開會時情形莊嚴淒慘。因到會者多為殘廢人士，他們忠貞愛主，歷經諸多迫害，在他們身上留下了殉道的標記。

亞流口才極強，於會中高言基督在本質上與神不同，眾人無以為辯。當時有一監督之隨員亞他那修(Athanasius)被准發言，憑聖靈能力證明基督與神同質、完全相同，壓倒亞流，使真道得勝。大會判亞流為異端，禁閱其書籍，並予放逐。

為保護純正信仰起見，大會根據徒八37「我信」而制定尼西亞信條(Nicean Creed)。

此時代正統之神學者計有：優西比烏(Eusebius)，亞他那修(Athanasius)，屈梭多模(Chrysostom)，耶柔米(Jerome)及奧古斯丁(Augustine)。

四、天主教時代(590－1517年)

我們稱此為天主教時代，不是因為僅在此時代中有天主教，而是因為天主教在此時代形成、生長，並蔓延至世界各處。雖然東方的希臘正教於1054年與天主教正式分裂，但希臘正教對於海外宣教工作不太積極，故在此整個時代中，天主教在普世成了唯我獨尊的情況，直到真理的號角響起，馬丁路德改教為止。

初期教會繼續發展之結果，到第四世紀時候，漸漸成了五個教會中心點：即羅馬、君士坦丁堡、安提阿、耶路撒冷及亞歷山大。在每一教會中心，有監督一人治理轄區會務。但到了第五世紀，羅馬的監督認為羅馬城既是當時世界的政治中心，羅馬教會也應該是世界的教會中心，所以羅馬的監督地位應該最高，於是斷然宣布羅馬的監督是管理普世教會的監督，是「普世之父」——教皇。

自此之後，教皇的權柄逐漸高漲，教會充滿人意與異端，偶像林立，引進了中世紀悲慘的黑暗時代！

五世紀中葉，羅馬的監督雖然已自稱為「監督之監督」，但第一位被正式承認的教皇是大貴格利(Gregory The Great)。他於590年即位，是一位雄才大略、手腕高超的人，對天主教會內部作了若干改革，但也作了以下違反聖經真理的事：

1. 嚴禁神父結婚。

2. 承認有煉獄。

3. 認為監督及教皇可作人之中保。

此時代中有幾件重要事蹟如下：

1. 景教流行中國

五世紀時，君士坦丁堡的監督涅斯多留(Nestorius)宣講謬論，認為主耶穌降生時只有人性而無神性，被教會定為異端，但有許多人附從之，成為涅斯多留派

(Nestorianism)，即景教。

該會於635年差遣傳教士阿羅本(Olopun)遠來中國長安宣傳教義。時值初唐，其教義甚得太宗欣賞，特派儀仗兵迎入宮中講道，稱為景教。景即宏大之意。

太宗貞觀十二年，皇帝昭示准景教建寺設教，曰：「濟物利人，宜行天下。」

高宗時，敕令設景教寺於各州，所謂「法流十道……寺滿百城」，並封阿羅本為鎮國大法主。

781年大秦景教流行中國碑立於長安；碑厚一尺，寬五尺，高十尺，上刻二千餘字，歷述景教教義及在華歷史。

至武宗會昌五年(845年)景教漸衰滅；因當時佛教遭受逼迫，毀寺殺僧，景教也同受連累。

景教在華流傳210年後，即完全消滅，唯一所餘之物即景教碑，明朝天啟五年(1625年)才被人發現於咸陽。

我們相信一切的情形都有神的安排。神沒有准許景教在中國繼續傳揚，也許因景教教義非神純淨之真理，惜哉！

2. 伊斯蘭教之興起

伊斯蘭教創始人穆罕默德(Mohammed 570-632)生於阿拉伯之麥加城。曾遊歷巴勒斯坦，因而得知甚多新舊約的故事。610年時自稱曾見天使長迦百列，受命作阿拉伯之先知，又宣稱按照天使之傳授寫成古蘭經(Koran)。伊斯蘭教信仰稱他們所信之神為阿拉(Allah)，稱穆罕默德為大先知，耶穌基督為小先知。

穆氏以刀劍宣傳信仰，並逼害基督徒，迫其改信伊斯蘭教，或納錢，否則殺害。632年率4萬從眾攻取麥加城，自此伊斯蘭教蔓延迅速，先後攻佔敘利亞、耶路撒

冷、巴勒斯坦、埃及、波斯、北非及西班牙。至八世紀末，伊斯蘭教勢力西至西班牙，東達印度。迨後伊斯蘭教更傳遍亞洲及南太平洋。近世以來，伊斯蘭教以埃及開羅為中心，向北非及中、南非積極推進。

阿拉伯人繼續統治伊斯蘭教世界直至1058年，土耳其人興起，取而代之。

3. 十字軍東征(1095 - 1272 年)

土耳其人稱霸後，較阿拉伯人尤為專橫暴虐，在聖地以殘忍污辱方法對待基督徒，因而引起普世基督徒公憤，自歐洲發動遠征軍，企圖以武力恢復聖地，軍隊旗幟以十字架為標記，故稱「十字軍」。

十字軍先後遠征七次(有些史家認為九次)，始終未能達到收復聖地之目的，只曾兩次奪回耶路撒冷，旋即失落。整個運動除有助於溝通東西文化與商業外，並無重要成就，究其原因如下：

a. 每次之遠征皆為教皇、皇帝或貴族所統管，實際目的在於增加權勢，擴張地土。他們藉贖罪票、金錢、緩刑、免刑等方法，引人出征。

b. 無精良將領，道路不熟，交通不便，補給不足。

c. 參加軍隊的人動機不純，有的為得贖罪票，有的為獲免刑，有的為了好奇與遊歷，有的為逃稅。

4. 天主教極盛時期(1073 - 1303 年)

十世紀為黑暗時代，教會腐敗，教皇邪惡，宮廷則成為謀殺與娼妓之所。直至1073年希勒得布蘭(Hildebrand)就任教皇，情勢才為之一變。其人剛強有為，力圖整頓，勵行下列政策，使天主教會權勢達最高峰：

a. 嚴禁教職之買賣；因當時天主教教職人員之職位、頭

衙可用金錢購買。

b. 嚴禁神父結婚，已婚者迫令離婚。

c. 提高教皇權勢。

此後直至十四世紀，教皇權勢遠超皇帝之上，當時有言曰：「天上有二大光，即日月；地上有二大權柄，即教皇與皇帝。教皇代表日，皇帝代表月。」甚至皇帝即位，亦需經教皇之批准。

5. 天主教衰頹時期(1303－1517年)

1303年，天主教最後一個專權獨裁的教皇波尼法修八世(Boniface VIII)逝世，其後天主教進入衰頹之期，原因如下：

a. 教皇及教職人員行為敗壞、邪惡。

b. 教會中充滿迷信及偶像。

c. 聚會純為形式。

d. 教皇、監督及教職人員缺乏學識，無聖經知識。

6. 教皇被擄巴比倫(1305－1377年)

波尼法修八世就任教皇時本是教皇高峰時期，但因法王腓力(Philip)的堅強爭鬥，教皇權勢至終屈服於政府之下。及至革利免五世(Clement V)就任教皇時，教廷被迫由羅馬遷往法國南部的亞威農(Avignon)七十年之久，正與以往猶太人被擄於巴比倫七十年相對照，史家亦如此稱之。

1370年以後，羅馬人因遠離教皇宮廷，不甘寂寞，遂另選一主教在羅馬為教皇，於是兩個教皇彼此為敵，互相攻擊，從未停止。

在此時代之末葉，哥倫布發現了新大陸，活字版印刷術問世，人民頭腦、耳目為之一新，又加上文藝復興帶來了自由思想，於是文人智士中反教皇之思想及呼聲

逐漸成長，以致不能壓制，引進了改教之先聲。

五、宗教改革時代(1517 — 1648 年)

1. 宗教改革之鋪路者

a. 威克里夫(John Wycliff, 1334—1384)

為牛津大學教授，有人稱其為宗教改革之晨星。他曾著書批評教皇之權柄、教職的罪惡、拜聖人、贖罪票等事，並將聖經從拉丁文譯為英文。他死後三十年，天主教在康斯坦丁(Constance)大會中定他為異端，掘骨焚灰，散於河中。

b. 約翰胡司(John Huss, 1369—1415)

為波希米亞的大學教授，其神學思想深受威克利夫所影響；他批評天主教之諸多異端，最重要之三點為：贖罪票，聖餐化體論，教皇權柄。

胡司被教皇誘至康斯坦丁開會而被捕，並處以焚燒之刑。被解到刑場時，胡司跪地向天舉手高唱讚美詩，然後被綑在木樁上。大法官到他跟前要他起誓反悔所傳的道，胡司望天大聲喊叫說：「神是我的見證，我所講的道、行的事和著的書，都是引人脫離罪惡。」他在火焰中重複大聲說：「神的兒子基督，憐憫我！」，跟著就被主接去了。

c. 薩沃那柔拉(Savonarola, 1452—1498)

為天主教修道士，被派去弗羅稜斯城工作。他攻擊當時之道德敗壞不遺餘力，後震驚於當時教皇亞歷山大六世(Alexander VI)宮廷中之敗壞污穢，毅然指責教皇罪惡；亞歷山大將之捉拿後施以酷刑，後處絞刑並將屍體焚燒。薩氏之殉道，震動全歐人心。

以上三人可說為宗教改革鋪了一條路，在人心裡作

　　了準備工作，待馬丁路德的號角一響，全歐聳動，風起雲湧，競相跟從。在千萬人犧牲的巨大代價下，死的宗教對人類靈魂的桎梏終被掙斷了。

2. 馬丁路德(Martin Luther 1483－1546)及宗教改革

　　馬丁路德生於德國貧民之家，父為礦工，篤信天主教。1505年入大學讀法律，畢業後入修道院為修士，常常鞭撻自己藉以克制肉體私慾，但因得不到效果而幾乎絕望。有　天讀羅馬書一章17節，「義人必因信得生」這一句話使他恍然領悟，得救不在乎遵守律法規條和一切虛偽的功德(羅三27-28)，而在乎信靠又真又活的救主耶穌基督。

　　1508年至威登堡大學任教，1511年曾到羅馬，對教廷之腐化與罪惡大感失望。

　　當時教皇利歐十世(Leo X)欲重修聖彼得大教堂，亟需極多金錢，於是派人四處推銷贖罪票，稱該贖罪票可「替已死之親友贖罪」。教皇的售票特使帖次勒(Tetzel)來到馬丁路德的教區聚眾兜售，公開宣講說：「當你們的銀錢放入這錢櫃中發出響聲時，你們親友的靈魂就從煉獄中直升天庭了！」

　　這種情形傳進了馬丁路德的耳中，他大為震驚，於1517年10月31日在教堂門上張貼了「九十五條」宣告，斥責贖罪票、教皇專權及天主教種種錯誤不合聖經的地方。九十五條貼出後，短短的兩個禮拜內，風聲傳遍了德國，人人雀躍。當時活字版印刷術已經發明，於是全國人士紛紛索取「九十五條」單行本。

　　當時有天主教神學家買爾(Maier)指控馬丁路德「與約翰胡司同一思想」，並向羅馬教皇控告。1520年教皇頒諭革除馬丁路德教籍，並限他六十天內悔改，收回九十五

條，過期即以異端者論罪處死。路德接到諭旨後，將它當眾焚燒了。靠著神的大能，路德向龐大的天主教廷公開對抗。

1521年路德被德王召去出席沃木斯會議(Diet of Worms)，當場要他收回條款與著作。路德說：「除了查出有任何不合乎聖經的地方外，決不收回。」他最後說：「我今在此不能作甚麼，求神幫助我。」在他回家的路上，友人為保護他而把他搶走。他隱居於友人家，並將新約聖經從拉丁文譯為通用之德文，使平民也能閱讀聖經。

當時，德國北部各州的郡王一致擁護路德，信奉新教，教皇鼓動當時的德王理五世(Charles V)攻打他們，經十年爭戰，結果於奧斯堡簽訂和平條約(Peace of Augsburg)，新教由此得到法律認可。

1529年雙方在斯拜耳(Speier)舉行會議，其中天主教徒佔多數，會議結果偏重天主教利益，更正教的人遂起而抗議，更正教遂被稱為抗議者(Protestant－The One Who Protests)，也有譯為抗羅宗，或更正宗的。

3. 歐洲其他國家改教情形

a. 瑞士

瑞士在慈運理(Zwingli)領導之下改教相當徹底，不但教義改變，禮拜的規條與形式也完全改變。可惜慈氏與路德因神學思想上的一些差別，未能攜手同工。慈氏後任軍中牧師，1531年死於戰場，瑞士的改教運動因而大受影響，幸得更正教神學家約翰加爾文(John Calvin)繼續努力，得以進行。加爾文在日內瓦開辦學院，成為更正教教義的中心堡壘，吸引各地學者前來求教，瑞士在他的治理下，可說成為更正教之模範區。

b. 荷蘭

改教運動傳開之後，荷蘭很快就接受了更正教。當時斯干的那維亞半島上荷蘭地區受查理五世統治，他曾下令燒毀一切路德的著作，禁止人民閱讀聖經，並藉耶穌會與異教裁判所之協助，殺害近10萬新教徒。直到1609年，經過非常的痛苦與革命之後，北部荷蘭終獲獨立，信奉新教，南部比利時仍為天主教。

c. 北歐

丹麥、挪威、瑞典皆先後於十六世紀初期，接受並立更正教為國教。

d. 法國

1559年時，法國已經有40萬更正教徒，教皇下令將他們全部消滅，耶穌會的人走遍各地，鼓動臣民告發捕捉。1572年聖巴多羅買節日，9萬更正教徒被屠殺，教皇在羅馬聞訊鳴炮慶祝。此後更正教徒更齊心奮鬥，直至1598年訂立南特上諭(Edict of Nantes)才獲得宗教自由。但1685年該協定復被教廷廢止，1789年法國大革命以後，教皇的極權勢力纔被限制，個人宗教自由纔被建立。

e. 英國

英國自始即認為英國的教會應該獨立，但至亨利八世(Henry VIII,1504-1549)時始付諸實行，與羅馬脫離了關係。及至瑪利皇后(1553-1558)時又定意恢復天主教，極多更正教徒被殺害，直到伊利沙伯女皇(1558-1603)期中，人民宗教自由才定了根基，以聖公會為國家教會。

f. 蘇格蘭

更正教的信仰於改教開始後十年進入了蘇格蘭，但當時蘇格蘭天主教勢力強大，更正教的傳播遭遇逼迫。

當時有天主教神父約翰諾克斯(John Knox 1515-1572)接受了更正教信仰並傳講更正教教義。1553年瑪利皇后登位，她是天主教徒，並受天主教的法國幫助，逼迫並殘害其多新教徒，諾克司逃往日內瓦，受到加爾文的教導，1559年回到蘇格蘭，負責全國改教運動。經過許多努力與內戰，終於使法軍退出蘇格蘭，瑪利皇后也被趕至英格蘭，於是蘇格蘭徹底成為更正教國。

諾氏大體按照加爾文的教訓訂立規條，派長老督責教友，是為長老會 (Presbyterian Church) 之始。

g. 西班牙

耶穌會及異教裁判所在西班牙的工作極為徹底，以至更正教徒不是被殺就是充軍，幾乎沒有留下一個，西班牙至今仍是天主教國家。

h. 其他

在奧地利、匈牙利、波蘭與義大利之更正教徒，經耶穌會半世紀的壓迫殘殺，當時差不多消滅淨盡。

4. 天主教對抗改教運動之方法

a. 耶穌會(Jesuits)

耶穌會為西班牙人羅幼拉(Loyola)所創始，紀律森嚴，於十六世紀初被教皇正式承認，其組織之最大目的為：

i. 效忠教皇——運用一切方法，達成教皇旨意。

ii. 恢復失地——從更正教手下奪回失地，只求成功，不擇手段。

iii. 海外宣教——派人至歐洲及遠東各國宣傳，曾遠達印度及日本，並於1552年首度來華。

b. 異教裁判所(Inquisition)

遠自十三世紀末，教皇即已諭令成立異教裁判所，

用以偵察、逮捕一切不同意或反對教皇的人。到十六世紀初，西班牙也成立異教裁判所，等到改教運動開始後，異教裁判所成為耶穌會消滅殺害更正教徒最得力的工具。在改教後的百年中，被異教裁判所逮捕、酷刑、屠殺、焚燒的人不計其數！

c. 反改教運動(Counter Reformation)

改教後的五十年中，更正教傳播迅速，雖在極大迫害之下，歐洲的中、北部幾乎皆成更正教地區。在此情形下，羅馬召開了持續十八年之久的天特會議(Council of Trent 1545-1563)，策劃反改教措施，以及其內部的革新。關於教義方面，大會發表下列主要決定：

i. 教會之傳統與聖經有相等價值與權柄。

ii. 煉獄及聖餐化體說皆為正確。

ii. 天主教徒應該絕對服從教皇。

這反改教運動非常厲害，以耶穌會與異教裁判所為膀臂，挑動中、南歐的君王，企圖逐一殲滅各國的更正教徒，於是開始了所謂「百年戰爭」。初時天主教極為得勢，粉碎了荷蘭、法國等地更正教的力量，但在1588年，當西班牙受教皇之慫動，以聞名的無敵艦隊進攻英國時，卻出乎意外地大敗。此役關係更正教前途至鉅，不單將英國保守於更正教下，也再次振興了中、北歐更正教的力量。

百年戰爭之最後三十年是戰爭的成敗點。因瑞典之出兵相助，更正教轉敗為勝。最後，雙方於1648年訂立威斯法里亞(Westphalia)和約，天主教與更正教至此劃定了領域界線。

六、普世佈道運動時代(1648年－)

自使徒時代以後，人們靈性之復興，傳福音熱忱的爆發，真道見證傳播之遙遠，乃屬此一時代。從這時期的一些忠貞主僕身上，我們彷彿又看到初期使徒們披荊斬棘，靠聖靈大能，將福音傳遍地極的情形。

1. 敬虔運動 (Pietism)

自從1648年威斯法里亞和約後，天主教與更正教雙方領域劃定，表面之武裝衝突從此終止，但暗中之爭鬥卻未稍停，歐洲大陸之更正教徒漸漸組成具體之更正教教會，名之為路德會(Lutheran Church)，即信義會。

迨至十七世紀末，更正教會逐漸安頓下來，同時因受理性主義(Rationalism)的影響，教會復趨冷淡，信仰上注重使徒信經之字句，而忽略活潑之信心與行為。

於是，路德會裡產生了一個運動，由施本爾(Spener, 1635-1705)領導，注重讀經、行為與信心之操練，提倡家庭禮拜、勤讀聖經、不住禱告，稱為「敬虔運動」。

2. 弟兄會(Brethren)

敬虔派與弟兄會同具有改變教會冷淡情形之目的，惟前者是教會裡的一個運動，後者是另外成立的新教會。

弟兄會又稱「主護所」，是由德國貴族親岑多夫(Zinzendorf, 1700-1760)所領導，後來又有莫拉維會(Moravians，即約翰胡司的跟從者)的人加入，所以人數更多。弟兄會是西方第一熱心海外宣道的教會。

3. 清教徒運動(Puritanism)

當伊利沙伯女皇在位時，英國的聖公會中產生了一個運動，目的是要改革冷淡死板的教會，剷除儀式、聖

服及聖職制度等，按照加爾文在瑞士日內瓦的方式生活。他們倡導神權社會，努力按照聖經中純粹的教訓生活，故稱為清教徒。他們受聖公會壓迫而成為幾個獨立的教會，大多數為浸信會、公理會與長老會。最早移民到美國新大陸的也是清教徒。

4. 循道會(Methodism，即衛理公會)

十八世紀初葉，英人道德墮落，倫敦每六個商店中即有一個酒館。此種情形，非當時聖公會及其他教會所能挽救。因當時的聖公會已失去了改教時代的純正與火熱，甚至有人聽道時，不能分辨所講的是伊斯蘭教、佛教或基督教的道理。

約翰衛斯理(John Wesley 1703-1791)出生於這種情形下。他在牛津大學神學畢業後被按立為聖公會牧師，因看見聖公會不給能予一般平民靈性上的幫助，遂與他的兄弟查理到英國鄉間四處佈道，故受其他教會所歧視。他們傳道按照一定方法，人稱之為循道會(Methodists)。

衛氏常與弟兄會的人來往，很受他們的影響與幫助，但他靈性上真正發生轉機是在1738年5月24日晚上。他在一次聚會中聽見牧師讀馬丁路德所寫的《羅馬書釋義》，念到人因信得救時，他的心裡覺得奇妙地火熱起來，遂相信他已得到救恩的確據，從此宣講因信稱義的道理。

衛斯理一生騎馬到英國各處佈道，建立團契與教會。他也從事大量寫作，並曾遠赴美國。當他離世時，循道會的教友及慕道者已達50萬之多。循道會的運動，的確對英國及美國教會的復興與挽救人民的道德有絕大關係。

5. 美國的大覺醒運動 (Great Awakening 1734－1744)

這運動與德國的敬虔運動及英國的循道會運動很相似，由田能特(Tennent)在新澤西州火熱的佈道開始，然後有愛德華滋(Jonathan Edwards)在東北各省繼續以聖靈的大能傳講真道，然後又有衛斯理的同工威特腓特(Whitefield)三年之久旅行佈道；復興之火遂蔓延各處，萬千的人得救與復興。

6. 救世軍(Salvation Army)

救世軍是英國人卜維廉(William Boots)所開始的一個宣教團體，稱自己的會為「軍」，一切同工皆有軍階，並著軍衣。他們的工作不只注重傳福音，更本著基督的愛心推動社會和慈善事業。救世軍的工作已普及於眾多國家，1915年來華工作。

7. 威廉克理 (William Carey, 1761－1834)赴印度

威廉克理是英國人，1792年被浸禮會宣教團差遣往印度傳教。經過若干困難，漸收效果，後又創辦學校，並與友人將聖經譯為印度語。

8. 馬禮遜(Robert Morrison, 1782－1834)來華

馬氏為英國人，是將正確的更正教信仰傳到中國的第一人。他大學畢業後，受倫敦傳道會所差派到中國傳道。他於1807年(清嘉慶十二年)動身來華，先後住於澳門及廣州。他精通中文，曾著了一本漢英字典；他每日除醫病傳福音外，並努力將聖經譯成中文。馬禮遜經過七年之傳道，終於有第一位信徒蔡高領了洗；再不久，也有第二名信徒梁發歸主。馬氏終其身在廣州傳道，死後葬於澳門，時為1834年。馬氏故後，梁發繼續教務，福音漸漸廣傳。

9. 李文斯敦(David Livingston, 1813－1873)赴非洲

李氏生於蘇格蘭一貧寒之家，幼時每日在紗廠工作十四小時，大學畢業後，受倫敦傳道會差遣至非洲傳教。他先後在非洲建立總會三所。他先到南非，後冒險徒步西行，穿越非洲中部至大西洋岸，費時六個月，生病27次，該處西方人勸他回國休息，但他已與土人立約，不相分離，所以又與他們一同回到中非洲。土人愛他如手足，晚年跪在床邊禱告時死去，土人將其心臟埋藏於非洲，因為他們說他的心在非洲。

由於他的開荒宣教，傳教士前仆後繼前往非洲，以致1914年中非洲已有十餘萬信徒。

10. 孫大信(Sundar Singh, 1889 － 1929)到西藏

自從威廉克理往印度之後，不少傳教士繼續前往，以致基督教在下層種姓中間傳播甚快。孫大信於1889年生於印度北方富家，自幼追求心靈的滿足，但皆失望，並有一次要將聖經撕毀。一天早晨他禱告說：「若真有一位神，求祂將道路指示我，否則決意自殺！」自殺以前半小時，基督在異象中對他說：「你逼迫我到幾時呢？」自此，他完全改變，到處傳揚活的救主。

基督教傳不到的地方，幾乎只有藏傳佛教權勢下的西藏一地。孫氏蒙主召喚赴西藏傳道，倍經各種苦難，曾被投於死屍坑中，裹於牛皮中，推落山崖，但主多次用神蹟奇事保守他的性命。1930年，他最後一次往西藏即未再回，據說，這次確實遇害了。

11. 戴德生(Hudson Taylor, 1832 － 1905)來華

1832年，戴氏生於英國基督教家庭中，出世之前，父母已把他獻給神了。及長讀書時，神呼召往中國傳道。他在倫敦稍稍學會了一些中文後，就來到上海，於

1865年憑信心創立了內地會(China Inland Mission)，把福音傳到中國荒僻內地。

戴氏一生辛勞，為內地會的事工往返奔走。拳匪之亂時，內地會傳教士多人被殺，教堂被毀，信徒逃散，戴氏悲傷至極；但神繼續引領，該會終成為中國最大的宣道力量。

戴氏於1905年卒於長沙。十年後，內地會的傳教士已達千餘人，教友三萬餘名。

內地會中有一位出名的中國傳道人席勝魔弟兄，本是山西才子，詩書世家。他受鴉片之毒，不能自拔，後得教士李修善(David Hill)感化歸主。歸主後毅然戒除大煙並開始傳道，同時助人戒煙，在他一生的殷勤事奉中，曾助萬千之人戒煙、歸主。

12. 耶德遜夫婦(Mr. & Mrs Adoniran Judson, 1788 – 1850)抵緬甸

耶氏夫婦生於美國，1813年抵緬甸仰光傳教，開始建立教會。數年後，英緬戰爭開始，耶氏被捕入獄，夫人一方面為丈夫奔跑，一方面為教會擔心，歷盡艱辛。直到戰爭結束，耶氏得釋，二人又繼續為福音努力。耶夫人一生辛勞過度，於1826年去世，但福音的種子與根基，已在緬甸建立了。

13. 芬尼(Charles Finney, 1792 – 1875)的復興

芬尼生於美國東北之康州，時為衛斯理死後次年。他的一生可說完全奉獻在奮興佈道的工作上。26歲時，因為研究法律的緣故他才買了本聖經。後來，他要選擇一生的道路時，好像聽見天上有聲音對他說話，他於是決定追求神。一天，他到樹林深處禱告，聖靈將耶利米書中「你盡心尋求我的時候，就必尋見」的話放在他心

中。當天晚上，他回到屋中，就「好像面對面遇見了基督，我將心傾倒在主面前……聖靈降臨在我身上，流過我身體、靈魂……好像神自己的呼吸一樣，我大聲哭泣，但內心歡欣。」

他曾經極力反對教會，所以無人相信他已悔改。但一天晚上，人們奇怪地不約而同湧向教堂，芬尼起來作得救的見證，人們感動得哭泣；那一次聚會就是復興的開始。自此之後，芬尼即到學院、牧場、農場、果園或教會中佈道。他有神同行，話語裡充滿著聖靈大能，毫無保留地指責罪與罪之刑罰，所到之處復興降臨。芬氏曾兩度赴英，英國與蘇格蘭的教會都大得復興。

芬尼在1875年8月16日安靜地離開世界。他的工作並不是驟然發出的火光，年代越久，人們越看出他傳道、牧養、教導的持久不變價值。

14. 慕迪(Dwight L. Moody, 1837 – 1899)的工作

年青時的慕迪在鞋店工作，歸主後開始在芝加哥兒童中間工作。一天，他在路上行走時，忽然感覺天上的窗戶好像打開了，神的靈大大澆灌在他身上，他覺得福杯滿溢；如此大的澆灌，他忍受不住了，趕緊跑到附近一家店鋪內禱告，求主停止。

之後，他與歌唱家山琦(Ira D. Sankey)一同往美國各地及英國旅行佈道，處處帶來悔改與復興。1889年，他開創了一所宣教書院，即今芝加哥之慕迪聖經學院。

15. 王明道(Wang Ming-Dao, 1900 – 1991)

王明道先生，原名永盛，北京人。1900年義和團之亂時，父母避難於使館區，王先生在此出生。父親王子厚於變亂中去世，寡母帶著姊弟生活，三人相依為命。

王先生幼時在家從母習字，9歲入初級小學，愛思想

人生問題，14歲羨慕聖潔良善人生，15歲被神呼召，但個人的雄心大志常與神的呼召相爭。18歲中學畢業後，一心相信「人定勝天」，結果大病兩場，終於學會謙卑與順服。

1918年入讀協和大學，一年後因校際爭執而輟學。1919年到河北保定烈士田學校教書，開始羨慕傳道工作。1920年完全降服在神手中，同年夏天改名為明道(證明主道)。因受浸禮得不到校方諒解而被辭退返家。

神將他關在家中兩年半之久，給他更深一層的鍛煉，學習謙卑與忍耐。他在家中作雜務，如買菜、燒飯、洗衣、灑掃、補襪等，得不到母親的諒解，姊姊又常加以譏諷。他曾有機會到北京市郊大有莊作六十二天的讀經禱告，在聖經、真理及生命方面得到神進一步的造就。

1924年在北京開始家庭聚會，並漸漸被邀請出外領聚會。他講道放膽直言，大聲疾呼，痛心指責罪惡。他曾說：「每次被邀請去講道，只準備講這一次。」他開始在東北及華北各教會領會講道。

1928年8月8日與劉景文姊妹在杭州結婚。1929年7月11日兒子天鐸出生於北京。

自此，全國講道之門大開，王先生足跡遍華北、華中、華南各地。每年平均外出工作六個月，同時又牧養在北京所建立的教會，於1935年春正式定名為基督徒會堂(Peking Christian Tabernacle)。

1937年蘆溝橋事變，日軍佔領北京後，命令北京各教會合併成為一個官方認可的「華北中華基督教團」。在巨大壓力下眾多教會紛紛加入，但王先生始終拒絕參加。生命受威脅之下，他買了一口棺材放在自己家的客

廳中，隨時準備為主殉道。主保守祂的僕人渡過此艱難時日，也許是為前面更大的磨練作了準備。

1949年中國大陸變色，王先生停止外出，次年出版了自傳《五十年來》。未幾，王先生開始受到教會內外雙方面不斷加重的壓力，1955年8月7日因拒絕參加「三自教會」而被捕。在獄中因一度軟弱妥協被釋放。其後受良心責備，向主認罪悔改，蒙主赦免，主的靈加添力量，毅然向官方收回悔過書，於1958年4月29日返回監牢，直到1980年1月9日始得釋放回家，時年已80歲！

王先生為信仰坐牢二十三年，王師母也為主被囚十六年。王先生極端注重基督徒的操守，勉勵信徒言行一致。他們的後半生可說是歷盡艱辛，非筆墨可盡述。正如聖經所説：「一粒麥子，若不落在地裡死了，仍舊是一粒，若是死了，就結出許多子粒來。」

神將他們擺在世人面前作示範，作明燈，成為一台真實的戲，「給世人和天使觀看」。他們雖然身在牢獄，失掉自由，但卻成了中國萬千基督徒的鼓勵與榜樣，增強了中國教會的信心和膽量！來十一38説，他們「本是世界不配有的人」，這句話用在王先生和王師母身上，極為合適。

16. 宋尚節 (John Sung, 1900 – 1944)

1901年，宋尚節出生於福建鳳蹟村，原名主恩，父親宋學連牧師為衛理公會牧師，家境貧寒，5、6歲時全家遷至興化。妹妹之死使他受到沉重打擊，開始思想人生問題：「人死後到哪裡去？」

宋尚節好讀書，「有書必讀」，不修邊幅，蓬頭赤足，脾氣暴烈，綽號「大頭」，但心中火熱愛主。中學讀書時即學習幫助父親傳福音，會友稱他為「小牧師」。中

學畢業後協助父親編寫《奮興報》。

1919年赴美留學，為半工讀之苦學生。先從俄亥俄衛斯理大學(Ohio Wesleyan College)以三年時間讀畢四年課程，再於1926年從俄亥俄州立大學獲博士學位。當時心高志大，想作「萬能博士」。

1926年秋誤入新派神學的紐約協和神學院，信仰漸漸動搖，離真道越來越遠，甚至研究佛教、道教，並將老子的《道德經》譯為英文。但心中失去平安，空虛煩惱，直到有一天聽見一位年青女子充滿靈力的講道，受感動而禱告認罪，主賜給他十字架的異象，使他大得復興，努力向同學及教授作見證，告訴他們新派神學不合乎聖經。因此引致校方的激烈反應，竟於1927年2月17日召警將他送進精神病院。他在瘋人院中住了193天，在此期間，他用40種不同的讀經方法將聖經讀了40遍！他後來在自傳中說，瘋人院成為他真正的神學院！同年8月30日，被美國宣教士保釋，並於10月4日離美乘船返國，決心作傳道人。橫渡太平洋時，他將博士證書及一切榮譽獎品棄擲太平洋中。

1927年12月返抵福建興化，與家人團聚。次年與余錦華小姐結婚，婚後十五、六年的事奉生活中，絕大多數時間在外奔跑，平均每年約有十一個月在外，一個月在家，家庭溫暖少而又少，天倫之樂更是稀薄。但因著他對神絕對順服，徹底擺上，被神空前使用，在華南、華中、華北、東北及東南亞各地的華人教會，帶來了前所未有的復興！在那靈性暗淡、教會荒涼以及日軍侵華的前夕，神藉著祂的僕人給了教會屬靈的裝備：信心、膽量和傳福音的熱忱！

在他主領的火熱奮興會中，眾人湧到台前悔改認

罪,接受耶穌為救主,眾多的基督徒痛哭禱告,承認自己的冷淡與過犯,重新得力。也有極多的傳道人、宣教士到台前彼此認罪,和好如初,教會大得復興。神藉宋博士所帶領的復興是華人教會大的福氣,凡是親身經歷過的人大多都同意以下的領受:

a. 宋博士注重禱告,時常禱告到午夜之後。

b. 宋博士講道注重聖經,絕對忠實於神的話語。

c. 宋博士不遺餘力地指責罪惡,不留情面,呼召人悔改認罪,重生得救。

d. 宋博士講道生動,善用比喻。例如當他的講題是「打開棺材」時,他帶著一個自製的小棺材上台,邊講邊從棺材裡拿出死人的骨頭及各種罪惡來。

e. 宋博士喜用短歌,配合講道內容,時講時唱,聚會生動活潑,聽眾不易忘記信息。

f. 神給宋博士特別的恩賜是震撼與復興,使荒涼的教會變為火熱,冷淡的基督徒成為精兵,失敗的傳道人得到挑旺!

g. 宋博士工作的特質是他的果子大多可以長存。直到今天,中國、南洋及世界各地仍然看見聖靈藉他所結的果子,繼續地衷心跟隨主或事奉主。

　　宋博士真正的事奉時間僅僅十五年,其屬靈影響直到今天仍未停止。這裡給我們看見在事奉主的事上,「質」比「量」更寶貴。

七、末世教會時代(1900 年-)

　　從聖經中的預言,從近來世界政治的演變,從目前軍事及武器之發展,我們可以看出,今日的教會正是末世時代的教會。

　　雖然從本世紀初,神差遣祂的僕人們如古約翰(Jonathan

Goforth)、宋尚節、王明道、倪柝聲、葛培理(Billy Graham)等,用聖靈的大能在各地傳揚福音火熱的信息,神又賜下威爾斯、印度、韓國、中國華北、華中、華南以及南洋各地的復興,但是由於末世物質文明、人為的主義、魔鬼的異端、道德的墮落迅速發展,充塞、佔據了人類的頭腦、時間與生命。

物質文明(錢財、享受)成為人類最高的慾望,人為的各種主義、學說佔據了人類的頭腦,魔鬼的各種異端邪說成為萬千之人的信仰,道德敗壞的行為成了司空見慣的事,這就是末世的現象(提後三1-5)!

但十二4說:「直到末時,必有多人切心研究,知識就必增長。」近百年來,人類知識與科技之增長,超過以往人類歷史之總和。自從瓦特發明蒸汽機,人類對自然科學之知識及應用突飛猛進,第一次大戰以後,這種現象更是直線上升。現在各先進國家,不論政府或主要工廠及學術機構,其最重要部門之一就是研究部門(Research Department),應驗聖經有關末世的話說:「必有多人切心研究,知識就必增長。」

關於教會及神學本身方面,最顯著的末世現象,乃是十九世紀,德國神學家哈勒克(Harnack, 1851-1930)及士來馬赫(Schleiermacher)等人所開始的所謂聖經批判(Biblical Criticism),或稱高等批判(Higher Criticism),其工作是以懷疑態度,重新估價並批判聖經各卷書之文辭及作者之真實性及可靠性。這一工作之基本態度,是以人的知識與理智來衡量並審判神的話語,這工作之出發點不是信心而是懷疑,因此就上了魔鬼的當。這一運動所出版的書籍及發表之學說,使多少人對聖經失去了信心,並產生了近代所謂的新神學派——聖經中一切用人類理智所不能解釋的地方,他們都認為不可信。

今日的某些教會,仍然由懷疑派、不信派、屬世派、形式派所佔據;另一部分雖然信仰純正,但卻失去了十八、十九世

紀教會澎湃的熱心與戰鬥意志，僅僅是靠著以往先聖所留下的根基，作「拖延」與「偏安」的工作。面對各種人為主義的威脅與各種異端的猖獗，更正教失去了明恥教戰的活力與勇氣，其主要原因是：1. 更正教本身各宗派不能充份合作；2. 今日傳教多用人的「方法」與「組織」，而忘記了使徒們轟轟烈烈的福音工作，既不靠方法也不靠組織，乃是靠「聖靈和大能的明證」(林前二4)。

多數新派的教會，今日更在羅馬天主教高唱普世教會合一(Ecumenical Movement)的口號誘惑下，正在進行拋棄威克理夫、約翰胡司、馬丁路德，以及千萬聖徒以生命換來的宗教自由、良心自由、思想自由與純真信仰，準備重新集體回歸梵蒂崗天主教皇的懷抱之中。可歎復可悲！

從初期教會的方式與聖經亮光中我們看出，教會的合一是靈裡的合一，不是形式或組織上的合一。設若我與一位弟兄在靈裡面和信仰上是合一的，哪怕各住在天的一方，我們是合一的；反之，在靈裡面和信仰上不能合一，雖同屬一教會，每次聚會同坐一處，我們仍是不合一的。

啟示錄第三章所說老底嘉的教會，正是指末世教會而言。聖經說：「我知道你的行為，你也不冷也不熱……所以我必從口中把你吐出去。你說，我是富足……卻不知道你是那困苦、可憐、貧窮、瞎眼、赤身的。我勸你向我買火煉的金子，叫你富足；又買白衣穿上，叫你赤身的羞恥不露出來；又買眼藥擦你的眼睛，使你能看見。」(啟三15-18)

從以上經文我們看見，老底嘉的教會雖不好，但仍有下列幾點可注意之處：

1. 神仍然承認其為教會。
2. 雖然不熱，但未全冷。
3. 表面富足，一樣不缺。

4. 仍然是神所疼愛的。

5. 神仍希望其發熱心。

從這些觀察裡，我們可以看出來，老底嘉的教會乃是代表一般信仰正確，但是失去了真正的熱心、信心、愛心、異象、負擔、聖潔、能力，而以一些人為的節目、組織、活動代替聖靈工作的教會。因為新派或不信派的教會在神眼中根本不是教會，不過是一些宗教集團，也談不到冷熱的問題，因為他們根本不是神的兒女，不是福音使者。

主自己告訴我們末世教會該作的三件事：

1. 買火煉的金子

金子在聖經裡代表「聖」，代表「純」，代表神自己，也代表神純淨的道(聖殿裡面都是用金子包的)。神乃是呼召祂今日的教會除掉人為的學說、方法、活動，重新將神自己接納進去，重新傳講神純真的道，使神作教會的首，在神的福音工作上多結果子；這才是真正的富足。

2. 買白衣穿上

白衣代表聖潔、信心。今日教會需要除去內部的罪，正如宋尚節博士所說要「打開棺材」，將一切的罪惡除淨倒空，成為聖潔，並恢復起初的信心，像使徒時代一樣，剛強壯膽，將真道傳開。

3. 買眼藥擦眼

眼睛有病的人才需要眼藥。末世的教會，靈性的眼睛暗淡無光，好像在暗室之中，對著鏡子也看不見自己的真像，必須有光進入才看得見。我們常因罪惡及屬世的愛好，蒙蔽了屬靈的眼睛，看不見自己的墜落與污穢，反倒覺得自己處處比別人強。

保羅也曾為此替以弗所的教會求神用聖靈照明他們「心中的眼睛」(弗一18)，但願神的真光臨到今日的教會，使祂的兒女們

看出自己的缺欠，看出傳福音的緊急，看出敵人的詭詐，看出
信心的得勝，看出神所應許的榮耀盼望，使神的教會從困苦可
憐變為剛強得勝，從貧窮變為真正的富足，從瞎眼變為靈性明
亮，從赤身變為榮耀！

等到我主再來之際，也就是教會歷史結束之際，那時恩典
時代已經完畢，引進了最終的永恆，那時再也沒有過去或將
來，我們將與神活在永遠的現在裡面，時與空間都失去了作
用。

第十二章
個人談道
(Personal Evangelism)

太監對腓利說：請問，先知說這話，是指著誰……腓利就開口從這經上起，對他傳講耶穌。(徒八34-35)

個人談道之重要

個人談道(或說個人福音工作)是福音工作裡最單純、最普遍、最有效、最重要、最基本的工作之一；幾乎每一個基督徒都可以作，若有恆心，都可以得到果效。

關於個人工作，聖經中的記載甚多；例如：主耶穌對撒瑪利亞的婦人談道，腓利為埃提阿伯的太監解經，保羅和西拉引領獄卒歸主，甚至使徒彼得也是藉著安得烈的個人工作與帶領得見耶穌。

個人福音工作是安靜的，是任重的，是吃苦的，是需要犧牲的，是不出人頭地的，是不轟轟烈烈的；但卻是有效的、基要的、結果子的、該作的、神賜福的、神所喜悅的。

有些人願意在多人面前作見證、講道，卻不願對一個人傳福音，認為是過於浪費時間；但我們的主卻不是這樣，祂可以向大批群眾講，也願意向一個人談。對我們的主來說，兩種同樣重要。

個人福音工作之優點甚多；每一個真實基督徒皆可作，可隨時作，可隨處作，可針對個人需要而行。很多人在大聚會中

未能接受主，卻在個人談道中信了耶穌。

從事個人工作應具備之條件

- 必須是重生得救的人。
- 生活聖潔，抵擋罪惡。
- 有愛心。
- 肯犧牲，付代價。
- 態度和藹而莊重。
- 肯禱告。
- 求主指示談道的對象，不輕率開口，逢人便講，要重視主所托付的職份，主知道你應該向何人談道。
- 求主指示當說的話。每個人生活中的問題與難處都不同，求主教導你對症下藥。
- 求主賜你能力、膽量及智慧，使你作得合適。
- 求主藉聖靈不斷在對方心中作工。

個人工作之地點

一、在佈道會之後

佈道會後，人心軟化，是個人工作的好機會。不單要向悔改歸主的人談，更要注意那些沒有表示信主但卻心中受了感動的人；你要睜大眼睛，求主指示你工作的對象，然後放膽趨前談話。不要手夾聖經等候人來找你，而是你去找人，向他溫和有禮地談話，勸導他接受救主，不要勉強。

二、在家庭中

家庭中的福音工作極為重要，保羅一方面在人前作大的工作，一方面也作家庭探訪，他說：「或在眾人面前，或在各人家裡，我都教導你們。」(徒廿20)主耶穌醫好格拉森被鬼附的人以

後，對他說：「你回家去，傳說神為你作了何等大的事。」(路八39)

家庭工作分兩方面：一方面是對自己的家，一方面是對別人的家。對自己家的工作，個人行為的見證非常重要；有行為的見證，說話就有力量；沒有行為的見證，所說的話就要受虧損。所以，為傳福音的緣故，我們應該有好的生活見證。求主幫助、憐憫我們！

探訪別人家庭應注意的事項如下：

1. 除非是親戚或非常熟識的人，否則要二人同去。探訪任何異性時，也要二人同去，免得給機會予魔鬼留話柄；主差遣門徒兩個一起出去工作，是有特別意義的。
2. 避免在人家不方便的時候(如吃飯、工作時)去拜訪。
3. 小心保守自己的口，不造就人的話不要說，更不能傳閒話、批評人。你去是為福音去，所說的話也要與福音有關。
4. 若兩人同去，應由一人為主講，另一人作安靜默禱的工作，不可兩人搶著說話。
5. 話語要簡單、誠懇，根據聖經，避免辯論。
6. 練習聽對方的言語，在靈裡尋索對方的難處，求主賜給適當的話幫助對方。
7. 時間不可過長。
8. 離開前最好有禱告，若能引導或帶領對方開口禱告更好，但視情形而定。

三、在街頭

保羅不單「在會堂裡」、「在家中」，並且「每日在市上」與人辯論(徒十七17)；保羅可說抓住了每一個傳福音的機會。

我們若注意街上的人，幾分鐘內必可看見面有愁容、心神渙散的人，這人需要幫助，可能除去你以外，再無別人向他談

福音，你也可能不再見到他；這些人都是我們工作的對象。街頭工作需要以智慧行事。

四、在舟車上

舟車上是絕好的個人工作時間，不但可向與你同坐及附近的人談道，並可散發單張小冊。如坐火車，可自列車一端開始，散發單張至另一端，不漏掉一人。

五、醫院、監獄等地

這些地方都是個人工作的好機會，有許多信徒都是在醫院或監獄中因個人談道而得救的。

如何開始

個人談道最難的地方就是如何開頭，有人掙扎了半小時仍不知怎樣開口，最後完全失去勇氣而錯過機會。我們不可因此氣餒，開始時大多如此。「患難生忍耐，忍耐生老練」，我們應多多操練學習，培養一個有「靈魂感」的人生(Soul-Conscious Life)，隨時隨地關切你周圍之人的靈魂問題，對他們的永生感覺有責任。

一、尋找工作對象

這一點前面已經說過，要尋求主的指示。不論在教會、街上、公園、宿舍、車上，都可時常心中默禱：「主啊！你今日要我向誰談道呢？求你賜我工作的機會，求你引導指示。」

要注意，尋求主的引導，並不是說禱告完後一味在等候，我們仍然要出動，到「大路和小路上去」，順著主的感動，尋找工作的對象。我們應該操練到一種程度，看到街上行人時，好像漁夫看見水裡的魚一樣；我們的主本是叫我們作得人的漁夫。

二、開口

　　找到了工作對象，心中默禱之後，即可開始向他攀談。開始時，說幾句關於天氣或應酬的話是免不了，但不是必須的，要儘速使談話歸入主題，開口傳福音。以下幾種情形是很多人由經驗中獲得的良好引導：

1. 在教會中，對尚未信主的人要親切誠懇相待，不要看他是局外人，要關切他的個人、家屬及他的難處，和他談論當日的講台信息以及救恩要道，引領他禱告，鼓勵他決志接受主。
2. 在舟車或公園中，你可讚歎山水雲天，花草樹木之秀美，而講到神創造之功的奇妙。
3. 若你們二人中有一人在看報紙，你可從其中的國際消息及社會新聞中感歎世界之敗壞，而述說人類對救主之需要。
4. 你可在特殊日期(如復活節、感恩節、聖誕節等)感歎人們只知尋求快樂而失去慶祝的真意，而講述救主之降生、受死及復活之救恩。
5. 可以派送單張或福音小冊，藉此講解福音要道。
6. 在聖靈的引導下，有時也可向人發出簡單而直接的問題：「朋友！你信耶穌嗎？」，「你得救了嗎？」，「你願意談一談永生的問題嗎？」

談道

　　要找出對方的情形(如不信、已信、冷淡、拖延、反對等)。正如醫生在治病前也需要知道病人生的是甚麼病，對人談道也是如此；這樣，我們才曉得如何幫助他。

　　明瞭對方是信或不信。一開始就先知道他是否已經確實信主，可直接向他發問：「你信耶穌嗎？」或「你得救了嗎？」他的回答可能是誠實的，可能是不誠實的，也可能避免作正面答

覆。但你在靈裡可以知道他是信或不信,以及他的「信」是否有問題。

注意他的臉色與語調。人口裡所不願說,或欲掩蓋的事,常常由臉上表示出來。一個未信的人,有時因為「情面」等等關係也勉強說信,但從他的表情及語氣便可知道他並未真正相信,他的「信」尚有問題。

知道了他的情形以後,要立即按照聖經的話幫助他的需要,不要再說閒話,乃要以生命的活水澆入他乾渴的心。要記住,你談話的目的不是使他加入教會,也不是勸他更改某種惡習,乃是使他相信並接受基督耶穌為救主,成為重生得救的人。他真心相信之後,加入教會以及生命的改變,是必然的結果。他若接受耶穌,要帶領他禱告認罪,並介紹他認識一個信仰純正的教會,或將他的姓名地址交給牧師去拜訪他。

對於已信但是冷淡的信徒,你個人蒙恩、蒙引導、蒙保守的見證非常有用。找出他困難之所在,用神的話語再次挑旺他的信心,鼓勵他服事主。

對於反對或發怒的人不要勉強,也不要辯論,可以對他說:「朋友!對不起,我不過是願意和您談一談屬天的福氣,我可不可以送您一份單張?盼望您有空時可以讀一讀。」你如果對他謙恭和藹,會使他怒氣消除,並且對你有好印象,說不定神會藉著你留給他的單張,及你謙和的態度,使他受感動,願意接受主。

引用神的話──聖經

從事個人福音工作者,對聖經要有概要之認識,能從聖經中指示人為何需要救主、誰是唯一救主、如何接受救主以及如何鼓勵冷淡退後之信徒等等。

下列各章節應熟記在心,以便隨時應用:

一、對於未信、但對福音有興趣的人

1. 賽五十三6：我們都如羊走迷；各人偏行己路；耶和華使我們
眾人的罪孽都歸在祂身上。

2. 羅三23：因為世人都犯了罪，虧缺了神的榮耀。

3. 羅六23：因為罪的工價乃是死；惟有神的恩賜，在我們的主
基督耶穌裡，乃是永生。

4. 來九27：按著定命，人人都有一死，死後且有審判。

5. 約三16：神愛世人，甚至將祂的獨生子賜給他們，叫一切信
祂的，不至滅亡，反得永生。

6. 約壹一9：我們若認自己的罪，神是信實的，是公義的，必要
赦免我們的罪，洗淨我們一切的不義。

7. 羅十9：你若口裡認耶穌為主，心裡信神叫祂從死裡復活，就
必得救。

8. 約一12：凡接待祂的，就是信祂名的人，祂就賜他們權柄作
神的兒女。

二、對於未信主、並且對於自己靈魂漠不關心
的人

1. 羅十四12：這樣看來，我們各人必要將自己的事，在神面前
說明。

2. 羅二16：就在神藉耶穌基督審判人隱秘事的日子，照著我的
福音所言。

3. 羅六23：因為罪的工價乃是死，惟有神的恩賜，在我們的主
基督耶穌裡，乃是永生。

4. 約八24：所以我對你們說，你們要死在罪中。你們若不信我
是基督，必要死在罪中。

5. 帖後一7-9：也必使你們這受患難的人，與我們同得平安。那
時，主耶穌同祂有能力的天使，從天上在火焰中顯現，要

報應那不認識神，和那不聽我主耶穌福音的人。他們要受刑罰，就是永遠沉淪，離開主的面和祂權能的榮光。

6. 來二3：我們若忽略這麼大的救恩，怎能逃罪呢？這救恩起先是主親自講的，後來是聽見的人給我們證實了。

7. 約三36：信子的人有永生，不信子的人得不著永生，神的震怒常在他身上。

8. 賽五十三5：哪知祂為我們的過犯受害，為我們的罪孽壓傷。因祂受的刑罰，我們得平安；因祂受的鞭傷，我們得醫治。

三、對於覺得自己罪惡太大不能得救及有其困難的人

1. 提前一15：「基督耶穌降世，為要拯救罪人。」這話是可信的，是十分可佩服的。在罪人中我是個罪魁。然而我蒙了憐憫。

2. 太九12、13：耶穌聽見，就說：康健的人用不著醫生，有病的人才用得著。經上說：「我喜愛憐恤，不喜愛祭祀。」這句話的意思，你們且去揣摩。我來，本不是召義人，乃是召罪人。

3. 羅五6-8：因我們還軟弱的時候，基督就按所定的日期為罪人死。為義人死，是少有的；為仁人死，或者有敢作的。惟有基督在我們還作罪人的時候為我們死，神的愛就在此向我們顯明了。

4. 路十九10：人子來，為要尋找、拯救失喪的人。

5. 賽一18：耶和華說：你們來，我們彼此辯論。你們的罪雖像硃紅，必變成雪白；雖紅如丹顏，必白如羊毛。

6. 詩三十二5：我向你陳明我的罪，不隱瞞我的惡。我說：我要向耶和華承認我的過犯，你就赦免我的罪惡。

7. 約六37：凡父所賜給我的人，必到我這裡來；到我這裡來的，我總不丟棄他。

8. 林後五17：若有人在基督裡，他就是新造的人，舊事已過，都變成新的了。

9. 猶24：那能保守你們不失腳、叫你們無瑕無疵、歡歡喜喜站在祂榮耀之前的我們的救主——獨一的神。

10. 加六7、8：不要自欺，神是輕慢不得的。人種的是甚麼；收的也是甚麼。順著情慾撒種的，必從情慾收敗壞；順著聖靈撒種的，必從聖靈收永生。

11. 賽六十三9：他們在一切苦難中，祂也同受苦難；並且祂面前的使者拯救他們；祂以慈愛和憐憫救贖他們；在古時的日子，常保抱他們，懷搋他們。

四、對於認為憑自己力量、行好事、作好人就可以得永生之人

1. 加二16：既知道人稱義不是因行律法，乃是因信耶穌基督，連我們也信了基督耶穌，使我們因信基督稱義，不因行律法稱義；因為凡有血氣的，沒有一人因行律法稱義。

2. 羅三19、20：我們曉得律法上的話都是對律法以下之人說的，好塞住各人的口，叫普世的人都伏在神審判之下。所以凡有血氣的，沒有一個因行律法能在神面前稱義，因為律法本是叫人知罪。

3. 雅二10：因為凡遵守全律法的，只在一條上跌倒，他就是犯了眾條。

4. 路十六15：耶穌對他們說：「你們是在人面前自稱為義的，你們的心，神卻知道；因為人所尊貴的，是神看為可憎惡的……」

5. 來十一6：人非有信，就不能得神的喜悅；因為到神面前來的

人必須信有神，且信祂賞賜那尋求祂的人。

6. 約三36：信子的人有永生；不信子的人得不著永生，神的震
怒常在他身上。

五、對於已信主、但是冷淡退後的人

1. 耶二13：因為我的百姓做了兩件惡事，就是離棄我這活水的
泉源，為自己鑿出池子，是破裂不能存水的池子。

2. 耶二19：你自己的惡必懲治你；你背道的事必責備你。由此
可知可見你離棄耶和華——你的神，不存敬畏我的心，
乃為惡事，為苦事，這是主——萬軍之耶和華說的。

3. 約壹一9：我們若認自己的罪，神是信實的，是公義的，必要
赦免我們的罪，洗淨我們一切的不義。

4. 約壹二1、2：我小子們哪，我將這些話寫給你們，是要叫你
們不犯罪。若有人犯罪，在父那裡我們有一位中保，就
是那義者耶穌基督。祂為我們的罪作了挽回祭，不是單
為我們的罪，也是為普天下人的罪。

5. 代下七14：這稱為我名下的子民，若是自卑、禱告，尋求我
的面，轉離他們的惡行，我必從天上垂聽，赦免他們的
罪，醫治他們的地。

6. 提後一6：為此我提醒你，使你將神藉我按手所給你的恩賜再
如火挑旺起來。

7. 提後一14：從前所交託你的善道，你要靠著那住在我們裡面
的聖靈牢牢地守著。

8. 提前六20：提摩太啊，你要保守所託付你的，躲避世俗的虛
談和那敵真道、似是而非的學問。

六、對於輕浮疑惑之人

1. 林前一18：因為十字架的道理，在那滅亡的人為愚拙；在我

們得救的人，卻為神的大能。

2. 詩十四1：愚頑人心裡說：沒有神。他們都是邪惡，行了可憎惡的事；沒有一個人行善。

3. 林前二14：然而，屬血氣的人不領會神聖靈的事，反倒以為愚拙，並且不能知道，因為這些事惟有屬靈的人才能看透。

4. 帖後二10-12：並且在那沉淪的人身上行各樣出於不義的詭詐；因他們不領受愛真理的心，使他們得救。故此，神就給他們一個生發錯誤的心，叫他們信從虛謊，使一切不信真理、倒喜愛不義的人都被定罪。

5. 羅一19-22：神的事情，人所能知道的，原顯明在人心裡，因為神已經給他們顯明。自從造天地以來，神的永能和神性是明明可知的，雖是眼不能見，但藉著所造之物就可以曉得，叫人無可推諉。因為，他們雖然知道神，卻不當作神榮耀祂，也不感謝祂。他們的思念變為虛妄，無知的心就昏暗了。自稱為聰明，反成了愚拙。

6. 詩十九1、2：諸天述說神的榮耀；穹蒼傳揚祂的手段。這日到那日發出言語；這夜到那夜傳出知識。

7. 羅六23：因為罪的工價乃是死，惟有神的恩賜，在我們的主基督耶穌裡，乃是永生。

8. 太十28：那殺身體、不能殺靈魂的，不要怕他們；惟有能把身體和靈魂都滅在地獄裡的，正要怕他。

9. 啟廿15：若有人名字沒記在生命冊上，他就被扔在火湖裡。

七、對於企圖拖延的人

1. 賽五十五6：當趁耶和華可尋找的時候尋找祂，相近的時候求告祂。

2. 路十二19、20：然後要對我的靈魂說：「靈魂哪，你有許多財

物積存，可作多年的費用，只管安安逸逸地吃喝快樂吧！」神卻對他說：「無知的人哪，今夜必要你的靈魂；你所預備的要歸誰呢？」

3. 太廿四44：所以，你們也要預備，因為你們想不到的時候，人子就來了。

4. 太六33：你們要先求祂的國和祂的義，這些東西都要加給你們了。

5. 林後六2：因為祂說：「在悅納的時候，我應允了你；在拯救的日子，我搭救了你。」看哪！現在正是悅納的時候；現在正是拯救的日子。

6. 傳十二1：你趁著年幼、衰敗的日子尚未來到，就是你所說，我毫無喜樂的那些年日未曾臨近之先，當記念造你的主。

7. 來三15：經上說：「你們今日若聽祂的話，就不可硬著心，像惹祂發怒的日子一樣。」

八、對於在苦難中受試煉的信徒

1. 雅一2-4：我的弟兄們，你們落在百般試煉中，都要以為大喜樂；因為知道你們的信心經過試驗，就生忍耐。但忍耐也當成功，使你們成全、完備，毫無缺欠。

2. 雅一12：忍受試探的人是有福的，因為他經過試驗以後，必得生命的冠冕；這是主應許給那些愛祂之人的。

3. 彼前五8-10：務要謹守、儆醒。因為你們的仇敵魔鬼，如同吼叫的獅子，遍地遊行，尋找可吞吃的人。你們要用堅固的信心抵擋他，因為知道你們在世上的眾弟兄也是經歷這樣的苦難。那賜諸般恩典的神曾在基督裡召你們，得享祂永遠的榮耀，等你們暫受苦難之後，必要親自成全你們，堅固你們，賜力量給你們。

4. 彼前二21-23：你們蒙召原是為此；因基督也為你們受過苦，給你們留下榜樣，叫你們跟隨祂的腳蹤行。祂並沒有犯罪，口裡也沒有詭詐。

5. 啟二10：你將要受的苦你不用怕。魔鬼要把你們中間幾個人下在監裡，叫你們被試煉，你們必受患難十日。你務要至死忠心，我就賜給你那生命的冠冕。

6. 詩廿三4：我雖然行過死蔭的幽谷，也不怕遭害，因為你與我同在；你的杖、你的竿，都安慰我。

7. 啟十四13：我聽見從天上有聲音說：「你要寫下：從今以後，在主裡面而死的人有福了！」聖靈說：「是的，他們息了自己的勞苦，做工的果效也隨著他們。」

九、對於不作見證，懶於讀經禱告的信徒

1. 太十32、33：凡在人面前認我的，我在我天上的父面前也必認他；凡在人面前不認我的，我在我天上的父面前也必不認他。

2. 可八38：凡在這淫亂罪惡的世代，把我和我的道當作可恥的，人子在祂父的榮耀裡，同聖天使降臨的時候，也要把那人當作可恥的。

3. 詩一1、2：不從惡人的計謀，不站罪人的道路，不坐褻慢人的座位，惟喜愛耶和華的律法，晝夜思想，這人便為有福！

4. 雅四2：你們貪戀，還是得不著；你們殺害嫉妒，又鬥毆爭戰，也不能得。你們得不著，是因為你們不求。

5. 詩五十五17：我要晚上、早晨、晌午哀聲悲歎；祂也必聽我的聲音。

6. 約壹二15-17：不要愛世界和世界上的事。人若愛世界，愛父的心就不在他裡面了。因為，凡世界上的事，就像肉體

的情慾、眼目的情慾，並今生的驕傲，都不是從父來的，乃是從世界來的。這世界和其上的情慾都要過去，惟獨遵行神旨意的，是永遠常存。

個人工作應注意的事

1. 選擇同性的工作對象。除非特殊情形，一般來説，弟兄應向弟兄工作，姊妹應對姊妹工作。如此可免去甚多不必要的麻煩、誤解、話柄與試探。

2. 選擇年歲相仿的工作對象。年齡相近的人容易彼此瞭解，容易暢談，容易被接納。

3. 最好是單獨談話，如此可使對方覺得講話自由，不受拘束。但與異性談道時，最好有第三者在場(若有一方為年長者則例外)。

4. 不倚靠自己的才能，完全倚靠聖靈的工作。

5. 最好使對方自己誦讀經節。

6. 經節勿引證過多，選擇最適當的一兩處即可。

7. 保持談話中心集中於接受耶穌為救主之上。因為對方有可能問一些關於教會的宗派、受洗禮的方式、該隱的妻子是誰等等問題，你要將談話中心保持於引領他信主得救，或他真正需要的事情上。

8. 要有禮貌。

9. 態度不可輕浮，不可過於親熱。

10. 要絕對誠懇。

11. 避免辯論，絕不可發脾氣。

12. 不可打斷另一位工作人員的話。

13. 不可急躁(不要顯出不耐煩，四周觀望，看手錶等)。

14. 儘量帶領對方禱告、認罪、悔改、接受主、作新人。

15. 一次的失敗不可灰心，求主指示你失敗的原因，再接再厲。

16. 帶領人歸主後，要藉著拜訪、書信、禱告、繼續帶領他們，並介紹他們參加一個信仰純正的教會。

作福音使者應有之態度及操練

1. 態度和藹、懇切。
2. 倚靠神，有信心。
3. 生活聖潔，遠離諸般罪惡。
4. 天天讓「老我」死，在基督裡生長。
5. 一心追求並實行神的旨意。
6. 努力工作，不計較報酬或代價。
7. 放膽述說神的福音，不保留，不以為恥。
8. 在大小事上忠心，作同工的榜樣。
9. 藉禱告、讀經及與聖徒的交通，每天更新靈裡的能力。
10. 靠主得勝。

　　願主恩待我們，使我們作一個熱切的福音使者，隨時隨地關心周圍之人的靈魂。以上所述，乃是給每一位願意在個人工作上服事主的信徒們一些參考，更要緊的是個人受聖靈的引導，用流淚的禱告與產難的痛苦為代價，用福音為神獲得兒女，使主的心喜悅。

第十三章
生命糧選
(A Selection of Bible Verses)

> 你的話是我腳前的燈，是我路上的光。(詩一一九105)
>
> 人活著，不是單靠食物，乃是靠神口裡所出的一切話。(太四4，參申八3)

神的救恩
必須悔改
- 因為世人都犯了罪，虧缺了神的榮耀。(羅三23)
- 因為罪的工價乃是死。(羅六23)
- 所以，你們當悔改歸正，使你們的罪得以塗抹。(徒三19)
- 你們若不悔改，都要如此滅亡！(路十三3、5)
- 你們必須重生。(約三7)
- 按著定命，人人都有一死，死後且有審判。(來九27)

如何得救
- 當信主耶穌，你和你一家都必得救。(徒十六31)
- 你們得救是本乎恩，也因著信。(弗二8)
- 你若口裡認耶穌為主，心裡信神叫祂從死裡復活，就必得救。(羅十9)
- 凡求告主名的，就必得救。(羅十13)

- 凡信祂的人,必因祂的名得蒙赦罪。(徒十43)
- 我們在愛子裡得蒙救贖,罪過得以赦免。(西一14)
- 神愛世人,甚至將祂的獨生子賜給他們,叫一切信祂的,不至滅亡,反得永生。(約三16)
- 我們若認自己的罪,神是信實的,是公義的,必要赦免我們的罪,洗淨我們一切的不義。(約壹一9)
- 耶穌的血也洗淨我們一切的罪。(約壹一7)

靈命增長

- 你們既除去一切的惡毒、詭詐,並假善、忌妒、和一切毀謗的話,就要愛慕那純淨的靈奶,像纔生的嬰孩愛慕奶一樣,叫你們因此漸長,以致得救。(彼前二1、2)
- 所以我們應當離開基督道理的開端,竭力進到完全的地步。(來六1)
- 這不是説,我已經得著了,已經完全了;我乃是竭力追求,或者可以得著基督耶穌所以得著我的。(腓三12)
- 你們卻要在我們主——救主耶穌基督的恩典和知識上有長進。(彼後三18)
- 耶穌説:「我就是生命的糧。到我這裡來的,必定不餓;信我的,永遠不渴。」(約六35)
- 信我的人,就如經上所説:「從他腹中要流出活水的江河來。」(約七38)
- 凡喝這水的還要再渴;人若喝我所賜的水就永遠不渴。我所賜的水要在他裡頭成為泉源,直湧到永生。(約四13、14)

信徒的生活

生活與行為

- 你們行善不可喪志。(帖後三13)

- 不要效法惡，只要效法善。(約叁11)
- 無論是誰都不可以惡報惡。(帖前五15)
- 你們要靈巧像蛇，馴良像鴿子。(太十16)
- 無論做甚麼，或說話或行事，都要奉主耶穌的名，藉著祂感謝父神。(西三17)
- 這些事你們既做在我這弟兄中一個最小的身上，就是做在我身上了。(太廿五40)
- 總要彼此包容，彼此饒恕；主怎樣饒恕了你們，你們也要怎樣饒恕人。(西三13)
- 我們留心行光明的事，不但在主面前，就在人面前也是這樣。(林後八21)
- 你們當以基督耶穌的心為心。(腓二5)
- 不可存成見，行事也不可有偏心。(提前五21)
- 你們和不信的原不相配，不要同負一軛。(林後六14)
- 我們在神面前，無論在得救的人身上，或滅亡的人身上都有基督馨香之氣。(林後二15)
- 祂替眾人死，是叫那些活著的人，不再為自己活，乃為替他們死而復活的主活。(林後五15)

自律與自審

- 你們要謹慎自守，免去一切的貪心。(路十二15)
- 我是攻克己身，叫身服我。(林前九27)
- 我勸你們要禁戒肉體的私慾。(彼前二11)
- 所以要治死你們在地上的肢體。(西三5)
- 你要省察，恐怕你裡頭的光或者黑暗了。(路十一35)
- 你們總要自己省察有信心沒有。(林後十三5)
- 各人應當察驗自己的行為。(加六4)
- 所以應當回想你是從哪裡墜落的，並要悔改。(啟二5)

- 倘若有人自信是屬基督的,他要再想想,他如何屬基督。(林後十7)

相合

- 你們在基督耶穌裡都成為一了。(加三28)
- 弟兄們,我藉我們主耶穌基督的名,勸你們都說一樣的話。你們中間也不可分黨,只要一心一意,彼此相合。(林前一10)
- 一主,一信,一洗。(弗四5)
- 你們都要同心,彼此體恤,相愛如弟兄,存慈憐謙卑的心。(彼前三8)

言語

- 一句話說得合宜,就如金蘋果在銀網子裡。(箴廿五11)
- 我們本是在基督裡當神面前說話。(林後十二19)
- 你們不可彼此批評。(雅四11)
- 不要彼此說謊。(西三9)
- 只要祝福,不可咒詛。(羅十二14)
- 入口的不能污穢人,出口的乃能污穢人。(太十五11)
- 淫詞、妄語,和戲笑的話都不相宜;總要說感謝的話。(弗五4)
- 被人咒罵,我們就祝福;被人逼迫,我們就忍受;被人毀謗,我們就善勸。(林前四12、13)
- 污穢的言語一句不可出口。(弗四29)
- 惟獨舌頭沒有人能制伏,是不止息的惡物。(雅三8)
- 若有人自以為虔誠,卻不勒住他的舌頭,反欺哄自己的心,這人的虔誠是虛的。(雅一26)

聖潔

- 我是耶和華——你們的神：所以你們要成為聖潔，因為我是聖潔的。(利十一44)
- 神的旨意就是要你們成為聖潔。(帖前四3)
- 神召我們，本不是要我們沾染污穢，乃是要我們成為聖潔。(帖前四7)
- 祂從起初揀選了你們，叫你們因信真道，又被聖靈感動，成為聖潔，能以得救。(帖後二13)
- 非聖潔沒有人能見主。(來十二14)
- 那召你們的既是聖潔，你們在一切所行的事上也要聖潔。(彼前一15)
- 你們要脫去一切的污穢和盈餘的邪惡，存溫柔的心領受那所栽種的道。(雅一21)

忍耐

- 你們要忍耐，直到主來。(雅五7)
- 你們必須忍耐，使你們行完了神的旨意。(來十36)
- 忍耐到底的，必然得救。(太廿四13)
- 不要自己伸冤，寧可讓步，聽憑主怒。(羅十二19)
- 生氣卻不要犯罪；不可含怒到日落，也不可給魔鬼留地步。(弗四26、27)
- 倘若他一天七次得罪你，又七次回轉，說：「我懊悔了！」你總要饒恕他。(路十七4)

禱告

- 常常禱告，不可灰心。(路十八1)
- 你們要恆切禱告，在此儆醒感恩。(西四2)
- 總要儆醒禱告，免得入了迷惑。(太廿六41)

- 我勸你，第一要為萬人懇求、禱告、代求、祝謝。(提前二1)
- 我要用靈禱告，也要用悟性禱告。(林前十四15)
- 你們禱告，無論求甚麼，只要信，就必得著。(太廿一22)
- 萬物的結局近了。所以你們要謹慎自守，儆醒禱告。(彼前四7)
- 若是你們中間有兩個人在地上同心合意地求甚麼事，我在天上的父必為他們成全。(太十八19)

讀經

- 聖經能使你因信基督耶穌，有得救的智慧。(提後三15)
- 從前所寫的聖經都是為教訓我們寫的，叫我們因聖經所生的忍耐和安慰，可以得著盼望。(羅十五4)
- 第一要緊的，該知道經上所有的預言沒有可隨私意解說的。(彼後一20)
- 凡遵守這書上預言的有福了。(啟廿二7)
- 聖經都是神所默示的，於教訓、督責、使人歸正、教導人學義，都是有益的。(提後三16)

家庭與婚姻

- 作妻子的，當順服自己的丈夫。(弗五22)
- 作丈夫的，要愛你們的妻子。(弗五25)
- 作父親的，不要惹兒女的氣。(弗六4)
- 要孝敬父母，使你得福，在世長壽。(弗六2)
- 作僕人的……用誠實的心，聽從你們肉身的主人。(弗六5)
- 婚姻，人人都當尊重。(來十三4)
- 神配合的，人不可分開。(太十九6)
- 凡休妻另娶的，若不是為淫亂的緣故，就是犯姦淫了；有人娶那被休的婦人，也是犯姦淫了。(太十九9)

- 妻子若離棄丈夫另嫁，也是犯姦淫了。(可十12)

愛心

- 凡你們所作的都要憑愛心而作。(林前十六14)
- 你要盡心、盡性、盡意、愛主——你的神。這是誡命中的第一，且是最大的。其次也相倣，就是要愛人如己。(太廿二37-39)
- 愛神的，也當愛兄弟，這是我們從神所受的命令。(約壹四21)
- 不要愛世界和世界上的事。人若愛世界，愛父的心就不在他裡面了。(約壹二15)
- 要愛你們的仇敵，為那逼迫你們的禱告。(太五44)
- 最要緊的是彼此切實相愛，因為愛能遮掩許多的罪。(彼前四8)

信心

- 信就是所望之事的實底，是未見之事的確據。(來十一1)
- 人非有信，就不能得神的喜悅。(來十一6)
- 你們因信基督耶穌都是神的兒子。(加三26)
- 神設立耶穌作挽回祭，是憑著耶穌的血，藉著人的信。(羅三25)
- 因信稱義。(羅五1)
- 你們若有信心，像一粒芥菜種，就是對這座山說：「你從這邊挪到那邊。」它也必挪去。(太十七20)

信心與行動

- 只是你們要行道，不要單單聽道，自己欺哄自己。(雅一22)
- 信心若是沒有行為(行動)就是死的。(雅二17)
- 信心是與他的行為(行動)並行，而且信心因著行為(行動)才得成全。(雅二22)

- 若有人說自己有信心,卻沒有行為(行動),有甚麼益處呢?這信心能救他麼?(雅二14)
- 我們相愛,不要只在言語和舌頭上,總在行為和誠實上。(約壹三18)

安慰與應許

- 凡勞苦擔重擔的人,可以到我這裡來,我就使你們得安息。(太十一28)
- 到我這裡來的,我總不丟棄他。(約六37)
- 你們奉我的名,無論求甚麼,我必成就。(約十四13)
- 萬事都互相效力,叫愛神的人得益處。(羅八28)
- 我不撇下你們為孤兒。(約十四18)
- 你們祈求,就給你們;尋找,就尋見;叩門,就給你們開門。(太七7)
- 我是好牧人;我認識我的羊,我的羊也認識我。(約十14)
- 神要擦去他們一切的眼淚;不再有死亡,也不再有悲哀、哭號、疼痛,因為以前的事都過去了。(啟廿一4)

驕傲

- 不要看自己過於所當看的。(羅十二3)
- 凡自高的,必降為卑;自卑的,必升為高。(太廿三12)
- 你們中間若有人在這世界自以為有智慧,倒不如變作愚拙,好成為有智慧的。(林前三18)
- 你有甚麼不是領受的呢?若是領受的,為何自誇,彷彿不是領受的呢?(林前四7)

謙卑

- 務要在主面前自卑，主就必叫你們升高。(雅四10)
- 神阻擋驕傲的人，賜恩給謙卑的人。所以，你們要自卑，服在神大能的手下。(彼前五5、6)
- 惟獨敬虔，凡事都有益處，因有今生和來生的應許。(提前四8)
- 不要志氣高大，倒要俯就卑微的人(或事)，不要自以為聰明。(羅十二16)

勞作

- 我這兩隻手常供給我和同人的需用。(徒廿34)
- 應當這樣勞苦，扶助軟弱的人。(徒廿35)
- 要立志作安靜人，辦自己的事，親手作工。(帖前四11)

信徒的事奉

奉獻——身體、財務

- 將身體獻上，當作活祭，是聖潔的，是神所喜悅的；你們如此事奉乃是理所當然的。(羅十二1)
- 你們來到主面前……藉著耶穌基督奉獻神所悅納的靈祭。(彼前二5)
- 將自己獻給神，並將肢體作義的器具獻給神。(羅六13)
- 不可忘記行善和捐輸的事，因為這樣的祭是神所喜悅的。(來十三16)
- 捐得樂意的人是神所喜愛的。(林後九7)
- 施比受更為有福。(徒廿35)
- 不要為自己積儹財寶在地上……要積儹財寶在天上。(太六19、20)

- 一個人不能事奉兩個主……你們不能又事奉神，又事奉瑪門（財利）。(太六24)
- 萬軍之耶和華說：你們要將當納的十分之一全然送入倉庫，使我家有糧，以此試試我，是否為你們敞開天上的窗戶，傾福與你們，甚至無處可容。(瑪三10)

能力

- 但聖靈降臨在你們身上，你們就必得著能力，並要在耶路撒冷、猶太全地和撒瑪利亞，直到地極，作我的見證。(徒一8)
- 除了基督藉我做的那些事，我甚麼都不敢提，只提祂藉我言語行為，用神蹟奇事的能力，並聖靈的能力，使外邦人順服。(羅十五18)
- 我們有這寶貝放在瓦器裡，要顯明這莫大的能力是出於神，不是出於我們。(林後四7)
- 我的恩典夠你用的，因為我的能力是在人的軟弱上顯得完全。(林後十二9)
- 這福音本是神的大能。(羅一16)
- 十字架的道理，在那滅亡的人為愚拙；在我們得救的人，卻為神的大能。(林前一18)
- 我說的話、講的道，不是用智慧委婉的言語，乃是用聖靈和大能的明證。(林前二4)
- ……司提反，乃是大有信心，聖靈充滿的人……司提反滿得恩惠、能力，在民間行了大奇事和神蹟。(徒六5-8)
- 我也為此勞苦，照著祂在我裡面運用的大能盡心竭力。(西一29)

傳福音——結果子

- 你們往普天下去，傳福音給萬民聽。(可十六15)

- 我傳福音原沒有可誇的，因為我是不得已的。若不傳福音，我便有禍了。(林前九16)
- 我們要專心以祈禱、傳道為事。(徒六4)
- 務要傳道，無論得時不得時。(提後四2)
- 你們要稱謝耶和華，求告祂的名，在萬民中傳揚祂的作為！(詩一零五1)
- 你卻要凡事謹慎，忍受苦難，做傳道的工夫，盡你的職分。(提後四5)
- 你們要結出果子來，與悔改的心相稱。(太三8)
- 你們多結果子，我父就因此得榮耀。(約十五8)
- 凡好樹都結好果子，惟獨壞樹結壞果子。(太七17)
- 我是葡萄樹，你們是枝子。常在我裡面的，我也常在他裡面，這人就多結果子。(約十五5)

見證

- 耶和華說：你們是我的見證。(賽四十三10)
- 你們就是這些事的見證。(路廿四48)
- 直到地極，作我的見證。(徒一8)
- 你們殺了那生命的主，神卻叫祂從死裡復活了；我們都是為這事作見證。(徒三15)
- 使徒大有能力，見證主耶穌復活；眾人也都蒙大恩。(徒四33)
- 信神兒子的，就有這見證在他的心裡……這見證就是神賜給我們永生。(約壹五10、11)
- 弟兄勝過牠，是因羔羊的血和自己所見證的道。(啟十二11)

爭戰

- 要為真道打那美好的仗。(提前六12)
- 你不可為惡所勝，反要以善勝惡。(羅十二21)

- 我們爭戰的兵器，本不是屬血氣的，乃是在神面前有能力，可以攻破堅固的營壘。(林後十4)
- 我們並不是與屬血氣的爭戰，乃是與那些執政的、掌權的、管轄這幽暗世界的，以及天空屬靈氣的惡魔爭戰。(弗六12)
- 所以，要拿起神所賜的全副武裝，好在磨難的日子抵擋仇敵，並且成就了一切，還能站立得住。(弗六13)
- 耶和華使人得勝，不是用刀用槍，因為爭戰的勝敗全在乎耶和華。(撒上十七47)

苦難

- 你要和我同受苦難，好像基督耶穌的精兵。(提後二3)
- 我為基督的緣故，就以軟弱、凌辱、急難、逼迫、困苦為可喜樂的。(林後十二10)
- 你們若為基督的名受辱罵，便是有福的；因為神榮耀的靈常在你們身上。(彼前四14)
- 身上常帶著耶穌的死，使耶穌的生也顯明在我們身上。(林後四10)
- 祂的怒氣不過是轉眼之間，祂的恩典乃是一生之久。一宿雖然有哭泣；早晨便必歡呼。(詩三十5)
- 流淚撒種的，必歡呼收割！(詩一二六5)
- 他們經過「流淚谷」，叫這谷變為泉源之地；並有秋雨之福蓋滿全谷。(詩八十四6)
- 祂試煉我之後，我必如精金。(伯廿三10)
- 忍受試探的人是有福的，因為他經過試驗以後，必得生命的冠冕。(雅一12)
- 我想，現在的苦楚若比起將來要顯於我們的榮耀，就不足介意了。(羅八18)
- 在患難中要忍耐。(羅十二12)

- 你們落在百般的試煉中,都要以為大喜樂。(雅一2)
- 有火煉的試驗臨到你們,不要以為奇怪(似乎是遭遇非常的事),倒要歡喜;因為你們是與基督一同受苦。(彼前四12、13)
- 我們既多受基督的苦楚,就靠基督多得安慰。(林後一5)
- 我們這至暫至輕的苦楚,要為我們成就極重無比、永遠的榮耀。(林後四17)

持守真道 · 抵擋異端

- 你要保守所託付你的,躲避世俗的虛談和那敵真道、似是而非的學問。已經有人自稱有這學問,就偏離了真道。(提前六20,21)
- 聖靈明說,在後來的時候,必有人離棄真道,聽從那引誘人的邪靈和鬼魔的道理。(提前四1)
- 從前所交託你的善道,你要靠著那住在我們裡面的聖靈牢牢地守著。(提後一14)
- 你該知道,末世必有危險的日子來到。因為那時人要專顧自己、貪愛錢財、自誇、狂傲、謗讟、違背父母、忘恩負義、心不聖潔、無親情、不解怨、好說讒言、不能自約、性情凶暴、不愛良善、賣主賣友、任意妄為、自高自大、愛宴樂、不愛神,有敬虔的外貌,卻背了敬虔的實意;這等人你要躲開。那偷進人家,牢籠無知婦女的,正是這等人。(提後三1-6)
- 因為時候要到,人必厭煩純正的道理,耳朵發癢,就隨從自己的情慾,增添好些師傅,並且掩耳不聽真道,偏向荒渺的言語。(提後四3、4)
- 你要為真道打那美好的仗,持定永生。你為此被召,也在許多見證人面前,已經作了那美好的見證。(提前六12)
- 論到我們主耶穌基督降臨……我勸你們:無論有靈、有言

語、有冒我名的書信，説主的日子現在到了，不要輕易動
心，也不要驚慌。人不拘用甚麼法子，你們總不要被他們誘
惑；因為那日子以前，必有離道反教的事。(帖後二1-3)

- 那些離間你們、叫你們跌倒、背乎所學之道的人，我勸你們
要留意躲避他們。(羅十六17)
- 你們要謹慎，恐怕有人用他們的理學和虛空的妄言，不照著
基督，乃照人間的遺傳和世上的小學就把你們擄去。(西二8)
- 你當竭力在神面前得蒙喜悦，作無愧的工人，按著正意分解
真理的道。但要遠避世俗的虛談，因為這等人必進到更不敬
虔的地步……他們偏離了真道，説復活的事已過，就敗壞了
好些人的信心。(提後二15-18)

親愛的主內兄姊：

　　電子資訊廣泛被使用的今日，文字出版仍是不能被取代的媒體，也是流傳最久遠的。在完成「福音遍傳」的使命中，文字工作是極重要的一環，需要更多弟兄姊妹的投入與支援！

　　因應各地華人的需求，我們重新印製了這本書，祈求主繼續賜恩，藉此書造就眾多信徒與慕道友。若您讀後得到幫助，願意在印刷費上與我們同工，請將奉獻寄到：

美國及其他國家: Great Commission Center International
848 Stewart Drive, Suite 200, Sunnyvale, CA 94085, U.S.A.
(支票抬頭：Great Commission Center International)

加拿大: Great Commission Center - Canada
c/o 9670 Bayview Avenue, Richmond Hill, Ontario,
Canada L4C 9X9 (支票抬頭：Great Commission Center)

香港及亞洲地區: Great Commission Center International (HK) Ltd.
Room 1101, General Commercial Building,
156-164 DesVoeux Road Central, Hong Kong
(請用港幣支票或匯票，抬頭：Great Commission Center
International (HK) Ltd. 或大使命中心有限公司)

大使命中心　敬啟

各　　　　　宗　　　　　教

	基督教 Protestantism	天主教 Catholicism	新派神學 Liberalism	摩門教 Mormonism	耶和華見證人 Jehovah's Witnesses
救主/教主	救主 耶稣 基督	救主 耶稣基督	救主 耶稣基督 (一个完全人)	教主施约瑟 Joseph Smith	教主罗素 Charles Russell
經典	圣经	圣经 加上次经	圣经 加其他书籍	摩门经	圣经 (新世界译本)
上帝	父 三位一体 之第一位	父 三位一体 之第一位	万物之因 (没有位格)	一个伟人 好像亚当	一位一体 不可知的
耶稣	子 三位一体 之第二位	子 三位一体 之第二位	好人，伟人	为亚当与 马利亚所生	耶稣是被造的 是天使长迦百列 被差到人间
聖靈	圣灵 三位一体 之第三位	圣灵 三位一体 之第三位	人的良心	一个永恒 的物质	神所发出来 的力量 没有位格
救恩	藉著耶 稣基督	藉著耶稣基督 和马利亚	行好事 作好人 自己赎罪	摩门教洗礼	千禧年中 人有机会得永生
來生	信者得永生 (天堂) 不信者灭亡 (地狱)	信者得永生 (天堂) 不信者灭亡 (炼狱，地狱)	没有地狱 因为神是爱	非摩门教的人 被定罪下地狱	没有地狱 不信者永远消灭 不复存在

比　　　較　　　表

統一教 Unification Church	基督科學會 Christian Science	印度敎 Hinduism	佛敎 Buddhism	伊斯蘭敎 Islam
教主文鲜明 Sun Myung Moon	创始人艾马利 Mary Baker Eddy	甚多派别 没有独一救主	教主 释迦牟尼 为印度教一支流	教主 穆罕默德
神圣原则 (文鲜明著)	艾马利的书	甚多经典，包括； Vedas Upanishads Bhagavod-Gita	佛经	古兰经
上帝有正反两面 否认三位一体	神是生命与真理原 则 神没有位格	是宇宙性的灵 人是神的一部分 好像海中一滴水	多神主义	神(阿拉)是独一的
耶稣是个完全人 不是神	耶稣不是神 没死在十字架上 没有复活 不会再来	耶稣是一位教师 他的死不能赎罪 他没有复活	对耶稣 没有观念	耶稣是众先知之一 耶稣非神的儿子 没被钉十字架
圣灵是女性 引导人归向 文鲜明	没有位格的力量	不相信圣灵	不相信圣灵	圣灵就是天使长 迦百列
顺服并接受 真父母 (文鲜明及其妻)	人类已经全得救 罪、死、病都 是幻觉	通过屡次的轮回 及瑜珈式冥想	生命最高境界是 「涅盘」—— 超脱一切烦恼、 思虑、欲望	人的善行、恶行 决定他进乐园或 地狱
每一人都会得救 (包括撒但)	死并不存在 天堂、地狱只 存在人思想中	行善者藉 轮回高升 行恶者 轮回受苦	相信轮回	信伊斯兰教者 进乐园 不信者下地狱

意見表

○ 我願意相信耶穌，接受祂為救主，請為我禱告。

○ 我已經是基督徒，願今後熱心愛主、事主。

○ 我願將自己獻上，當作活祭，一生服事主。

○ 深願本書可廣於發行，謹附上_____幣_____元作此
書之印贈費用，求主悅納使用。

○ 其他：_____

姓名：(中英文) _____

地址：(英文) _____

_____

_____

	您若願您的親友收到《大使命雙月刊》(宣教刊物)，請將他們的姓名地址填上，當即免費寄贈。(除台灣地區外請填寫英文地址)
1	姓名：_____ 地址：_____ _____
2	姓名：_____ 地址：_____ _____